AF261884

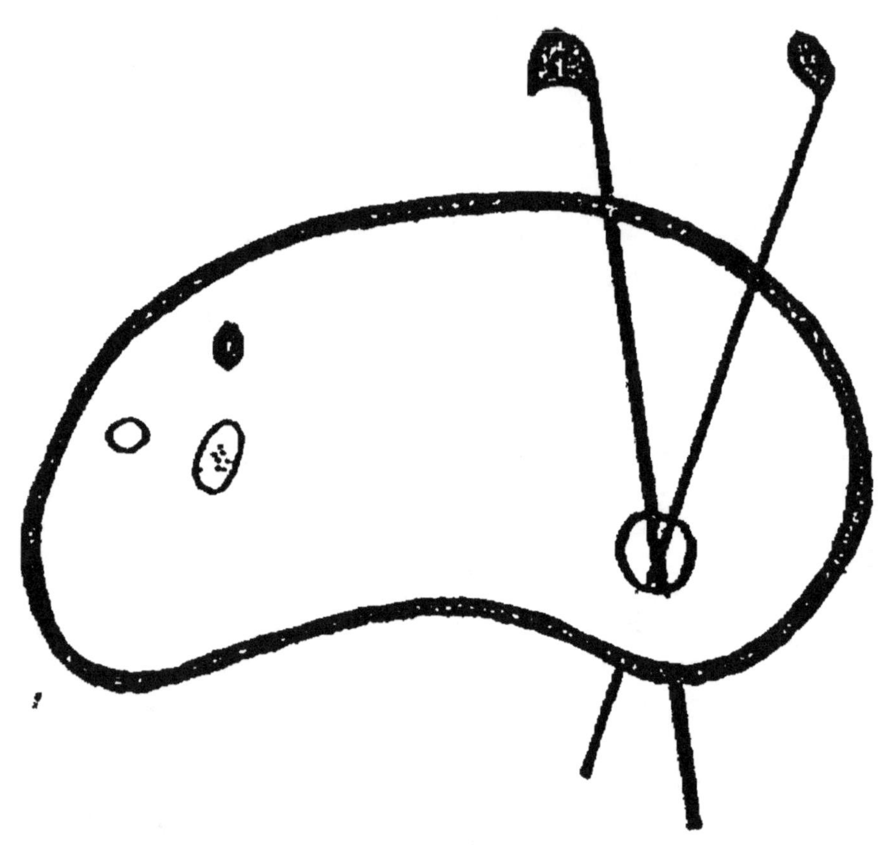

FIN D'UNE SERIE DE DOCUMENTS
EN COULEUR

Couverture inférieure manquante

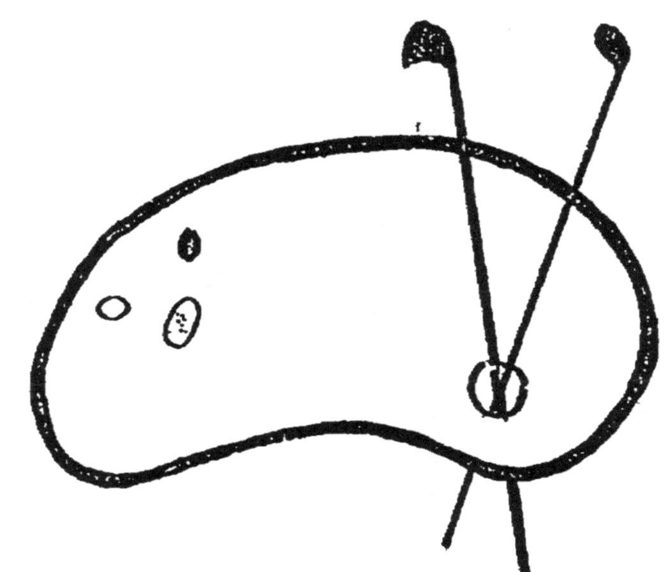

DÉBUT D'UNE SÉRIE DE DOCUMENTS
EN COULEUR

N.-D. DE PARMÉNIE

ET

SES PÈLERINAGES

Depuis la fermeture de l'église

(NOVEMBRE 1880 et JUILLET 1896)

NOTICES

1° Sur la Bienheureuse Béatrix d'Ornacieux
2° Sur Sœur Louise
3° Sur la Foire de Beaucroissant et le Pèlerinage
de Parménie

PAR

UN MISSIONNAIRE

GRENOBLE

IMPRIMERIE VALLIER ÉDOUARD & Cie
Rue Docteur-Mazet

1897

N.-D. DE PARMÉNIE

ET SES PÈLERINAGES

N.-D. DE PARMÉNIE

ET

SES PÈLERINAGES

Depuis la fermeture de l'église

(NOVEMBRE 1880 et JUILLET 1896)

NOTICES

1º *Sur la Bienheureuse Béatrix d'Ornacieux*
2º *Sur Sœur Louise*
3º *Sur la Foire de Beaucroissant et le Pèlerinage de Parménie*

PAR

UN MISSIONNAIRE

GRENOBLE
IMPRIMERIE VALLIER ÉDOUARD & Cⁱᵉ
Rue Docteur-Mazet

1897

Aux Pèlerins de N.-D. de Parménie

C'est spécialement à vous, pieux pèlerins de N.-D. des Croix, que nous dédions le petit livre que nous allons écrire : c'est vous, en effet, qui l'avez demandé.

Ce livre est bien simple et bien modeste ; il ne cherche ni l'élégance ni l'érudition.

Son auteur n'a pas l'habitude d'écrire des livres, même les plus petits. Si celui qu'il vous présente est défectueux, sous certains rapports, il aura au moins une bonne qualité : celle de la plus scrupuleuse véracité des faits qu'il raconte.

Va donc, petit livre ! va, avec simplicité et confiance !

Va dans la compagnie de l'Enfant Jésus qui, aujourd'hui, t'a béni dans sa crèche, va parler au cœur des pèlerins et conduis-les nombreux aux pieds de la Vierge douloureuse, depuis si longtemps vénérée sur la montagne de Parménie !

Tu leur diras de s'empresser de venir sécher les larmes que, plus tard, ton Divin Compagnon doit, pour nous avoir trop aimés, faire verser sur le Calvaire, à sa mère et à la nôtre ; tu diras les larmes bien plus amères que font aujourd'hui répandre à Marie les persécuteurs du Dieu-Sauveur.

Nous t'avons tracé ta mission.

A toi maintenant de la remplir.

Nous t'assurons, à l'avance, qu'elle te sera facile. Outre les bénédictions célestes que tu portes avec toi, tu *verras combien les cœurs dévoués à N.-D. des Croix sont faciles à toucher et à convaincre puisque, depuis près de dix siècles, ils n'ont jamais cessé de venir apporter les consolations que leur demande leur mère affligée de Parménie.*

UN MISSIONNAIRE.

25 Décembre 1895.

NOTRE-DAME DE PARMÉNIE

(Isère).

N.-D. DE PARMÉNIE

ET SES PÈLERINAGES

CHAPITRE I

FERMETURE DE LA CHAPELLE DE N.-D. DES CROIX, LE
4 NOVEMBRE 1880 ET LE 27 JUILLET 1896. —
COMMENT S'EST PREPARE UN PELERINAGE DE PRO-
TESTATION ET D'EXPIATION.

L'an 1880, le 4 novembre, les religieux Bénédic-
tains-Olivetins, propriétaires du couvent et desser-
vant l'antique pèlerinage de N.-D. de Parménie, durent subir, comme tant d'autres, l'exécution des décrets du néfaste Ferry, alors ministre de l'intérieur
dans le gouvernement qu'on appelle : La *République Française* et qui a pour devise : *Liberté, Ega-
lité, Fraternité*.

La communauté se composait alors de trois religieux : le R. P. Théodore Bellanger, prieur, le Père
Jean Brette et le Père Théodule Villemin, religieux.

Nous ne ferons pas l'histoire de cette expulsion
qui ressemble à peu près à toutes celles qui eurent
lieu .. la même époque, expulsion dont tous les

journaux ont parlé et qui formeront une tache hon-
teuse et ineffaçable dans l'histoire de France au
XIX⁰ siècle.

A Parménie, vu le petit nombre des religieux,
un seul fut expulsé, le R. P. Théodule. Les deux
autres, le P. Théodore, prieur, et le P. Jean,
vieillard de 75 ans, furent autorisés par le gouvernement qui nous régit, à rester dans le couvent.
Les portes de la chapelle furent ensuite fermées, par
ordre de la police républicaine, et les scelles gouvernementaux furent apposés non seulement sur la
porte extérieure de l'église, mais encore sur celles
qui donnent dans l'intérieur de la maison habitée
par les propriétaires.

Maintes fois les scellés furent brisés par les pèlerins ; mais après l'équipée gouvernementale les portes restèrent closes sans scellés durant 15 ans ; les
clefs en furent même confiées, par la police, au garde
champêtre de Beaucroissant qui les possède encore
actuellement. Nous verrons par l'histoire du pèlerinage dont nous allons faire la relation comment
l'eglise fut rouverte dans la suite et comment elle
fut refermée.

Dans la narration de la nouvelle fermeture de
l'église de Parménie et du pèlerinage réparateur qui
en fut la conséquence, nous puiserons généralement
nos renseignements dans la *Croix du Dauphiné.*

Etant sur les lieux, c'est le journal qui a été le
mieux renseigné. Nous connaissons, du reste, la
source des renseignements de la *Croix* et nous
pouvons affirmer à nos lecteurs que cette source
est non seulement sûre, mais encore exempte de
toute exagération.

A l'occasion de la fermeture de l'église de N.-D. de
Parménie, le 27 juillet 1896, la *Croix du Dauphiné*
fait d'abord précéder son article de fond de la dépêche suivante :

« Le Gouvernement, dans la personne du préfet de l'Isère, vient de procéder à une exécution posthume des décrets. Lundi, il a de nouveau apposé les scellés sur la chapelle de N.-D. de Parménie.

Décidément, le « clérical » F.˙. Méline veut se faire pardonner son alliance avec la droite. »

Voici maintenant comment elle explique cette dépêche dans le journal (30 juillet 1896) :

LA PERSÉCUTION RELIGIEUSE

à *Parménie*

Lundi, 27 juillet, à 8 heures du matin, de l'an de liberté 1896, le commissaire spécial de Grenoble, escortéde M. Orgeolet, garde champêtre de la commune de Beaucroissant, se présentait au couvent de Parménie et demandait à parler au R. P. prieur. M. le Commissaire spécial, dont je regrette de ne pas connaître le nom (1), avertit alors le P. Prieur qu'il allait procéder à la fermeture de la chapelle du couvent ; et, afin que celui-ci n'eût aucun doute sur l'authenticité de sa mission, il lui communiqua la lettre suivante, émanant de la Préfecture de l'Isère, et dont je transmets la copie textuelle :

PRÉFECTURE   RÉPUBLIQUE FRANÇAISE
DE
L'ISÈRE
                      Grenoble, le 23 juillet 1896.

MONSIEUR LE COMMISSAIRE SPÉCIAL,

« J'ai été informé du bris des scellés apposés sur « la chapelle des Bénédictins de Parménie, sur la

---

(1) Nous avons appris plus tard qu'il se nommait *Simon* et qu'il était spécialement attaché au service de la gare de Grenoble.

« commune de Beaucroissant, lors de l'exécution du
« décret du 29 mars 1880, prescrivant la dissolu-
« lution des associations religieuses non autorisées.

« Conformément aux instructions de M. le Minis-
« tre de l'Intérieur (1), j'ai l'honneur de vous prier
« de procéder à la réapposition des scellés dont il
« s'agit.

« En conséquence, vous voudrez bien vous ren-
« dre à Parménie, où vous vous acquitterez de votre
« commission après en avoir prévenu *verbalement*
« les intéressés (2).

« Agréez, etc.

« Pour le Préfet de l'Isère :

« *Le Secrétaire général délégué,*

« JOSSIER. »

« Malgré la protestation du P. Amédée Bonnard (3), prieur, malgré la lettre de Mgr Fava, évêque de Grenoble, en date du 31 octobre 1895, qui
le constituait chapelain de N.-D. de Parménie, M.
le Commissaire spécial procéda, au moyen des sceaux
de l'Etat, à la fermeture de la chapelle, où, actuellement, nul ne peut plus pénétrer.

---

(1) Le doux et ineffable Méline.

(2) M. le Commissaire spécial Simon ne s'est pas con-
tenté de prévenir *verbalement* les intéressés, car il leur
a permis de prendre copie de la lettre préfectorale qui lui
ordonnait d'apposer les scellés sur la chapelle de Parménie.
Nous ne savons si les intéressés l'ont remercié de son attention... Quant à nous, nous n'avons qu'à l'en féliciter ; car,
sans cette complaisance, nous n'aurions pu reproduire la
lettre préfectorale.

(3) Le P. Théodore Bellanger, mort en 1895, avait été rem-
placé par le P. Amédée Bonnard.

« Que l'on veuille bien nous permettre quelques réflexions au sujet de cet événement :

« La chapelle de Parménie avait d'abord été fermée le 4 novembre 1880. Mais l'Administration civile avait-elle bien le droit d'apposer les scellés sur les portes de ce sanctuaire si cher aux populations qui l'entourent ? C'est là une question qui mérite d'être approfondie sérieusement ; je veux dire sans parti pris, sans l'intervention des principes antireligieux que l'on propage, à notre époque, avec tant d'ardeur, et aussi, sans l'intervention de la Franc-Maçonnerie.

« En effet, en 1857, le comte de Bainville et le chevalier Bedaud de l'Ecochère, tous les deux Bénédictins-Olivetains, achetèrent la propriété de Parménie, appartenant alors à l'Evêché de Grenoble. L'acte de vente fut solennellement approuvé et contresigné par M. Rouland, ministre des cultes.

« Or, dans cet acte, il est formellement stipulé que les propriétaires de Parménie, c'est-à-dire les PP. Bénédictins, dont on vient de fermer la chapelle, *doivent laisser livrée au culte ladite chapelle et ne peuvent, en aucun cas, en aliéner la destination.*

« En conséquence de cette clause, il me semble que, d'après les principes de la justice la plus élémentaire, le Gouvernement qui a approuvé l'acte de vente n'a pas plus le droit d'apposer les scellés sur les portes de ce sanctuaire, que les religieux propriétaires n'ont celui de les fermer pour l'interdire au culte.

« C'est ce qu'un religieux de Parménie (1) fit

---

(1) Le P. Théodule, le surlendemain de son expulsion, se présenta au Préfet de l'Isère pour lui faire observer qu'il n'avait pas le droit de fermer la chapelle de Parmenie. Il fut éconduit comme on va le voir.

remarquer à M. Ribert, préfet de l'Isère, deux jours après la première fermeture de la chapelle, le 6 novembre 1880. Celui-ci se contenta de répondre : *C'est trop tard... C'est maintenant un fait accompli !*

« Cette réponse est loin d'être une raison sérieuse. Une semblable raison ne saurait jamais être admise, chez n'importe quel peuple, pourvu qu'il ait la moindre notion de la justice.

« Néanmoins, l'église de Parménie resta fermée depuis 1880 jusqu'en 1895 ! Ce qui n'empêcha pas les pèlerins de venir, chaque dimanche, sur la montagne, pour y faire leurs dévotions et implorer les secours de N.-D. des Sept-Douleurs, but du pèlerinage de Parménie. Les scellés apposés une première fois sur la porte de l'église ne restèrent pas longtemps en place ; aussi, la police locale fut-elle obligée de les remettre à plusieurs reprises, mais toujours inutilement. Fatiguée, sans doute, de l'inutilité de ses peines, elle cessa de s'inquiéter à ce sujet et l'église resta fermée sans scellés.

« Voici ce qui donna lieu à sa réouverture :

« Le 25 août 1895, deux cents pèlerins se rendaient d'Eymeux (Drôme) à Parménie pour y vénérer le tombeau de la bienheureuse Béatrix, leur patronne.

« L'appartement qui servait alors aux religieux pour leurs offices particuliers pouvait à peine contenir une vingtaine de personnes : on résolut de dire la messe en plein air ; mais une pluie battante empêcha de réaliser ce projet. Comment abriter tous ces pèlerins ? Il n'y avait qu'un moyen : c'était d'ouvrir l'église qui ne portait plus aucune trace des scellés. La pensée qui dirigea les PP. de Parménie dans cette circonstance n'était qu'une pensée d'humanité et de charité. Ils ne pouvaient supposer qu'un gouvernement, qui prêche partout et si haut la fraternité, pût leur faire un crime de donner un abri à des hommes, à des femmes, à des enfants qui avaient parcouru 40 kilomètres, qui n'avaient point pris leur repas, afin de ne pas les exposer à l'inclémence du temps (1).

« La chapelle, fermée depuis quinze ans, fut alors ouverte et resta ouverte durant onze mois. Ce n'est que lundi dernier, que M. le Commissaire spécial de Grenoble, *armé de la lettre préfectorale et escorté par le garde champêtre* de Beaucroissant, qui n'est pas un novice dans cette sorte d'expédition, se présenta pour apposer, une quatrième fois, les scellés sur l'église de Parménie.

« Les nouveaux scellés seront-ils mieux respectés que les précédents ? J'en doute ; mais je désire qu'ils le soient et demeurent intacts, comme un monument de la liberté que le Gouvernement actuel laisse aux catholiques et une preuve vivante de la tolérance républicaine pour tout ce qui a trait à la religion.

« Pourquoi fermer une chapelle à des personnes tout à fait inoffensives, à quelques habitants de la campagne, à quelques ouvriers ou ouvrières qui aiment à venir, chaque dimanche, y faire leurs dévotions et puiser force et courage, afin de reprendre leurs travaux avec plus d'ardeur la semaine suivante ?

« Pourquoi donc leur refuser cette satisfaction ?

« Pourquoi leur fermer l'entrée d'une église qu'ils ont fréquentée depuis leur bas âge et qui leur est chère... d'autant plus chère qu'elle est l'œuvre d'une

---

(1) A ce sujet, la *France Libre* de Lyon écrit: « Les PP. de Parménie auraient-ils donc dû, pour plaire au Gouvernement et répondre à ses vues, laisser dehors ces deux cents pèlerins affamés, sans asile, sans abri, alors qu'un fermier n'eût pas osé envoyer son bétail dans la prairie, ni mettre son chien dans la rue ! »

pieuse paysanne comme eux, vénérée dans toute la région sous le nom de *sœur Louise* ?

« Pourquoi enfin, se montrer si intolérant à leur égard, lorsqu'on se montre si libéral pour laisser ouvrir partout des loges maçonniques qui, *légalement*, ne devraient pas exister ?

« M. de Luze, vous êtes actuellement préfet de l'Isère, et c'est vous qui, le dernier, avez ordonné la fermeture de la chapelle de Parménie : nos paysans que vous avez outragés par cette action, auraient peut-être le droit de vous maudire ; mais les pèlerins de Parménie ne savent le faire. Ils se contenteront de vous plaindre et de vous rappeler que, parmi ceux qui vous ont précédé dans l'œuvre néfaste que vous venez d'accomplir à Parménie, il en est un qui fut obligé d'avoir recours à la charité des Pères Olivetains ; car le Gouvernement qui l'avait employé à l'œuvre que vous venez de faire, lui refusa ensuite le morceau de pain quotidien (1).

« Un autre, quelques mois seulement après l'accomplissement de son œuvre, fut emporté en moins de trois heures, par une mort tragique : et, les souliers qu'il avait achetés pour gravir la montagne de Parménie, il les emportait quelques jours après dans la tombe. Ce dernier était secrétaire de la sous-préfecture de Saint-Marcellin (2).

---

(1) Il s'agit ici du commissaire de police de Tullins qui, en 1880, apposa lui-même les scellés sur les portes de la chapelle. Quelque temps après il fut mis sur le pavé pour avoir *légalement* dressé un procès-verbal dans un café de Tullins. Presque réduit à la mendicité, il eut recours à la charité des religieux de Parménie et de la Grande-Chartreuse : charité qui ne lui fut jamais refusée. Aujourd'hui il est aveugle..... !

(2) Il mourut en désespéré, disant à M. Berlioz, aumônier de la Visitation de Saint-Marcellin, que l'on avait appelé à

« Un troisième mourut d'une blessure mystérieuse au genou : c'était le sous-préfet de Saint-Marcellin (1). Que Dieu vous préserve de semblables malheurs, Monsieur le Préfet de l'Isère !

« Les Pères de Parménie ne se laisseront point abattre par la nouvelle mesure de persécution qui vient de les atteindre. Ils continueront à faire le bien autour de leur antique monastère, comme ils l'ont toujours fait. Cette inopportune exécution des vieux décrets aura pour tout résultat d'attirer encore plus de sympathie autour des RR. PP., gardiens du sanctuaire, et d'augmenter le nombre de leurs amis.

« Et vous, braves pèlerins de Parménie, vous continuerez à gravir la Sainte Montagne. S'il ne vous est plus loisible de prier dans la chapelle fermée par ordre du préfet de l'Isère et dûment munie — comme jadis le tombeau du Maître — des scéaux officiels de l'Etat, vous assisterez quand même aux offices en plein air. Le magnifique panorama dont vous jouirez en priant, et en chantant les louanges de Dieu et de sa Mère affligée, élévera davantage encore vos cœurs vers le Ciel, et, sur vos fronts, descendra une pluie plus abondante de grâces, de faveurs et de bénédictions divines.

« Parménie est le plus ancien pèlerinage du diocèse de Grenoble : saint Hugues lui-même, évêque de cette ville, y est venu pour prier ; nos pères y sont venus ; enfants nous les avons accompagnés. Nous y viendrons comme eux et nous y viendrons malgré tout ! » T.

---

son lit de mort : « Je suis excommunié ! » Ce fut sa dernière parole.

(1) Il est mort dans des sentiments de religion et de repentir. Celui qui écrit ces lignes a pu le voir et l'entendre secrètement, à la sous-préfecture même de Saint-Marcellin, pendant qu'il prêchait une mission dans cette ville.

Le jour même où a paru cet article, la rédaction de la *Croix du Dauphiné* le faisait suivre des réflexions suivantes :

L'EXPLOIT DE LUZE

« La République était en danger.

« M. de Luze, préfet de l'Isère, vient de la sauver!

« Deux anciens cachets de cire, apposés jadis sur les portes de la chapelle de Parménie, étaient tombés de vétusté.

« M. le Préfet, de par ordre ministériel, vient d'y expédier en hâte un commissaire et un garde champêtre, et maintenant les deux cachets rouges, tout neufs et luisants, brillent sur la terrible porte comme deux yeux de démon, narguant les catholiques.

« Le courageux Préfet ne tardera pas sans doute à recevoir la rosette de la Légion d'honneur pour ce haut fait et pour le service signalé qu'il vient de rendre à la République.

« Qu'on en juge !

« Les sceaux de l'intolérance tombés, la main de la *Liberté* s'apprêtait déjà à ouvrir ces portes que la *Tyrannie* avait fermées :

« Et la République aurait pu tolérer que deux moines poussent l'abus de la liberté, affichée par elle sur les murs avec défense d'y toucher, jusqu'à entrer librement dans un édifice qui leur appartient, par une porte dont ils payent l'impôt ?

« Et des catholiques, au nom de la liberté de conscience, auraient pu franchir le *libre seuil* d'une chapelle catholique ?

« Aurait-on jamais vu pareil scandale sous le gouvernement de la plus maçonnique des Républiques. Le fauteuil présidentiel du F∴ Félix Faure en serait tombé à se briser sous son auguste propriétaire.

« Heureusement, l'oie du Capitole veillait au salut de la République ! Et maintenant, dormez en paix, braves chevaliers du triangle ; par les soins de M. le préfet de Luze, la République est sauvée ! »

Quant à vous, catholiques, accepterez-vous encore de gaîté de cœur cette odieuse et grotesque provocation ?

En apposant les scellés, l'ex-sous-préfet de Saint-Marcellin (1) n'a pu avoir qu'un but : *arrêter les pèlerinages à Parménie.*

La seule réponse à cet acte sectaire serait un grand pèlerinage d'hommes des coteaux de Chambarand, de la vallée de la Fure et des plaines de l'Isère et de la Bièvre, au sanctuaire fermé de Parménie, l'un des plus anciens lieux de pèlerinage de nos contrées.

« Nous proposons le dimanche 30 août, comme date du pèlerinage de protestation.

« Qu'en pensent les catholiques ? »

A peine la *Croix du Dauphiné* eut-elle annoncé la fermeture injuste, illégale et sacrilège de la chapelle de N.-D. des Croix à Parménie, que cette nouvelle se répandit, comme une traînée de poudre, à travers la France entière et même à l'étranger. Tous les journaux catholiques et conservateurs s'en emparèrent pour la faire connaître à leurs lecteurs. Les journaux même qui semblent indifférents à tout ce qui a trait à la religion, la répandirent. Les

---

(1) M. de Luze, avant d'être préfet de l'Isère, avait été antérieurement sous-préfet de l'arrondissement de Saint-Marcellin.

uns et les autres firent remarquer tout ce qu'il y avait d'odieux et de contraire à la liberté, dans la mesure prise par M. le Préfet de l'Isère. Tous, ou presque tous, rappelèrent à celui-ci l'histoire encore récente des crocheteurs de Parménie en 1880.

Chose extraordinaire ! à cette époque, nous avons voulu suivre les journaux hostiles à la Religion, et patronnés par ceux qui la persécutent, au moins ceux du département de l'Isère et des départements limitrophes.

En bien, si nous n'avons trouvé aucun de ces journaux qui ait osé blâmer ouvertement la conduite du Gouvernement, nous n'en avons pas rencontré un seul qui ait osé l'approuver. Silence sur toute la ligne, même dans les feuilles maçonniques ! A mon avis, ce silence est singulièrement expressif.

Qu'en pense M. le Préfet de l'Isère ?

Pendant que les feuilles publiques entretenaient ainsi leurs lecteurs de l'acte sacrilège qui venait d'être commis au sanctuaire de N.-D. des Croix, des lettres de sympathie arrivaient, de tous les coins de la France, aux Pères Gardiens de ce sanctuaire. Pas une qui ne protestât contre l'acte odieux de M. de Luze ! Pas une qui ne manifestât ses condoléances à l'occasion de l'indigne persécution dont Parménie venait d'être victime.

Nous qui écrivons ces lignes, nous les avons vues, ces lettres d'indignation et de protestation ; nous pouvons donc vous en parler en connaissance de cause !

Nous en avons vu qui venaient de la part de hauts employés du gouvernement de la République ; nous en avons vu qui venaient de l'Italie..., de l'Allemagne même, etc. !...

Après avoir annoncé la fermeture du sanctuaire de N.-D. de Parménie, la *Croix du Dauphiné* a écrit ce que nous avons déjà lu plus haut, mais qu'il nous semble bon de répéter :

« En apposant les scellés, l'ex-sous-préfet de Saint-Marcellin n'a pu avoir qu'un but : *Arrêter les pèlerinages de Parménie.*

« La seule réponse à cet acte sectaire, serait un grand pèlerinage d'hommes des coteaux de Chambarand, de la vallée de la Fure, et des plaines de l'Isère et de la Bièvre, au sanctuaire fermé de Parménie, l'un des plus anciens lieux de pèlerinage de nos contrées.

« Nous proposons le dimanche 30 août comme date du pèlerinage de protestation.

« Qu'en pensent les catholiques ? »

Poser cette question aux Dauphinois, c'était la résoudre.

La *Croix* a voulu confier au cœur de ces catholiques la semence du grain de senevé. Le terrain était trop bien préparé pour que cette semence ne fructifiât pas au delà de toute espérance.

Malgré le peu de temps qui nous séparait du dimanche 30 août, un pèlerinage d'expiation commença à s'organiser.

Nous verrons quel en fut le résultat.

Mais avant, nous devons dire que l'église fermée, les pèlerins n'ont point cessé, pour autant, d'affluer chaque dimanche à Parménie : à ce point que les Pères Gardiens du pèlerinage se virent dans la nécessité de dire la messe en plein air, leur chapelle privée étant trop petite pour les recevoir.

C'est ce que constate la *Croix du Dauphiné* dans un article du 5 août 1896 ; article que nous mettons sous les yeux de nos lecteurs.

A N.-D. DE PARMÉNIE

« D'après les renseignements qui me sont parvenus de toutes parts, la nouvelle de l'exploit de Luze s'est, grâce à la *Croix du Dauphiné*, répandue comme une traînée de poudre. On commente partout avec indignation cet acte odieux de persécution religieuse.

« Chez les PP. de Parménie, les témoignages de sympathies affluent. De tous les points du département et d'ailleurs, de nombreux amis envoient l'expression de leurs condoléances, ou plutôt de leurs sympathiques félicitations. Tel est le premier résultat des scellés apposés par M. le Commissaire spécial de Grenoble.

« Il en est un autre bien consolant pour les Religieux Gardiens du sanctuaire et pour les pieux pèlerins de Parménie : C'est que, depuis la fermeture de l'église, l'affluence des visiteurs n'a fait que croître davantage.

« Le dimanche 2 août, surtout, a donné lieu à une grande et pieuse manifestation. Si M. le Préfet de l'Isère avait été présent, il aurait pu constater que si, par son expédition, il a voulu arrêter le pèlerinage de Parménie, c'est un résultat tout à fait opposé qu'il a obtenu.

Dès l'aube du dimanche, en effet, les pèlerins des environs gravissaient la Sainte Montagne, pour se présenter ensuite au confessionnal et à la Table Sainte.

La chapelle était fermée ; mais elle eût été trop petite pour les contenir. Un autel fut vite élevé en plein air et on célébra la messe à dix heures.

Les fidèles, agenouillés sur le gazon, entouraient le prêtre avec ferveur. Tout près d'eux, ils apercevaient comme deux *yeux rouges* braqués sur eux :

je veux dire les scellés, interdisant au public l'entrée de l'église. Tout le jour les pèlerins manifestèrent leur indignation contre l'apposition des scellés préfectoraux. Cette indignation aurait même pu avoir des suites fâcheuses si les Pères de Parménie n'eussent protégé, contre la foule, les scellés du Préfet de l'Isère.

A l'Evangile, le R. P. Théodule interrompt un instant le Sacrifice pour adresser aux pèlerins une touchante allocution : « Notre-Seigneur est outragé, « exilé : aux fidèles de le défendre! aux fidèles le « soin de monter la garde d'honneur! Vos armes, « mes frères, seront la prière et le sacrifice. Jadis « le Christ sanglant gravissait douloureusement le « Calvaire : aujourd'hui encore, il continue à faire « son Chemin de la Croix à travers le monde, toujours « jours pour le sauver. A nous de l'aider à porter « sa Croix, comme le Cyrénéen; à nous de le « consoler comme la Véronique. »

« Le Sacrifice s'acheva sous un ciel doux et pur, dans une atmosphère embaumée de ferveur. Le Saint Sacrement fut ensuite exposé et ne manqua, pas un seul instant, de nombreux adorateurs qui faisaient amende honorable à Notre-Seigneur.

« Le soir enfin, eut lieu le Chemin de Croix annoncé le matin. La foule des pèlerins suivit, dans le plus grand recueillement, les quatorze stations qui conduisent au Calvaire.

« Qu'il fait bon prier là-haut ! Comme les élans du cœur s'élèvent tout droit vers le Seigneur!

« Chaque dimanche, autant que le temps le permettra, les mêmes cérémonies vont se renouveler en plein air.

« Habitants des riches et majestueuses vallées qui entourent le mont de Parménie, continuez à le gravir et venez-y raffermir votre foi et votre courage ! La Sainte Montagne aime à vous porter sur ses flancs fleuris et à voir vos groupes joyeux se perdre dans ses allées si pleines d'ombrage et de fraîcheur. Oui, continuez malgré tout, à venir dans cette chère solitude, qui est celle de votre Mère, toujours compatissante et propice : N.-D. des Croix. »

Joseph C.

Après ce récit la *Croix du Dauphiné* ajoute :

« Grâce à la publicité que nous avons donnée à l'exploit de Parménie, exploit par lequel a voulu s'illustrer l'obscur préfet de l'Isère, l'odieuse fermeture de la chapelle des Olivetains a déjà eu du retentissement dans la presse parisienne. La *Croix de Paris*, l'*Univers*, le *Peuple Français* et d'autres grands journaux catholiques ont signalé et flétri cette *journée des scellés*, renouvelée de 1880. »

Alors, la piété et la ferveur des pèlerins ne se sont pas démenties. Chaque dimanche les amenait au pied de l'autel rustique où se célébrait le Saint Sacrifice de la messe ; tantôt sur le seuil de l'église, mise à l'index par les sceaux gouvernementaux ; tantôt, enfin, au pied de la Croix du Calvaire, qui se dresse majestueuse, en face de la porte principale du sanctuaire de N.-D. des Croix.

La fête de l'Assomption surtout a été splendide : Messe, chant, bénédiction du Saint Sacrement, procession, tout en plein air. Il faudrait un chapitre spécial et une plume plus poétique que la nôtre pour décrire la simplicité, la beauté et la grandeur des cérémonies qui se font chaque dimanche à N.-D. de Parménie.

Nous vous avons parlé assez longuement de la fermeture de la chapelle de N.-D. des Croix : nous avons hâte d'arriver au grand pèlerinage expiatoire du 30 août. C'est ce qui va faire le sujet de notre second chapitre.

CHAPITRE II

COMMENT S'ACCOMPLIT LE PELERINAGE DE PROTESTA-
TION ET D'EXPIATION A NOTRE-DAME DES CROIX LE
30 AOUT 1896.

C'est à la *Croix du Dauphiné*, c'est à sa chaleu-
reuse initiative que nous sommes redevables de
l'imposant pèlerinage de réparation qui eut lieu le
30 août 1896. C'est la *Croix* qui la première en a
conçu la pensée, c'est à elle aussi que tous ceux qui,
comme nous, ont pris part à ce pèlerinage, témoi-
gnent leur reconnaissance pour la pieuse et heu-
reuse manifestation qui en fut le résultat.

Voici d'abord en quels termes elle annonce le
pèlerinage dans son n° du 20 août ;

PÈLERINAGE DE NOTRE-DAME DE PARMÉNIE

Dimanche 30 août 1896

« Une nouvelle injustice vient d'être commise à
N.-D. de Parménie. Malgré la nomination régulière
d'un chapelain par Mgr l'Evêque de Grenoble, pour
desservir l'antique chapelle de N.-D. des Sept-Douleurs, si chère aux populations du Dauphiné et, depuis des siècles, si fréquentée par elles : — malgré
la convention solennellement passée et signée, en
1857, entre Mgr Ginoulhiac, évêque de Grenoble, et

M. Rouland, ministre des cultes, en vertu de laquelle *ladite chapelle doit rester livrée au culte...*, les scellés gouvernementaux, par ordre de M. de Luzo, préfet de l'Isère, viennent d'être apposés une quatrième fois sur les trois portes de ce sanctuaire.

« Actuellement, Notre-Seigneur Jésus-Christ, chassé de son temple, est réduit à chercher un refuge dans une modique chambre ou sous la feuillée des arbres de la forêt.

« Actuellement, pèlerins qui venez si souvent confier vos peines et vos souffrances à la Mère des Douleurs, vous ne pouvez plus pénétrer dans son temple, ni verser vos larmes au pied de son image vénérée, ni même y chercher un abri contre l'inclémence du temps : vous en avez été chassés au nom *de la tolérance et de la liberté.*

« Catholiques de l'Isère, vous n'avez point appris, sans indignation, cet odieux attentat et cette grotesque provocation !

« Si la résistance contre la ridicule tyrannie qui traque ainsi d'inoffensifs pèlerins, vous est impossible, la protestation vous est permise !

« Naguère, vous étiez à la Salette (1), pour y manifester hautement et publiquement, contre les scandales et les impiétés de notre époque, votre foi en Jésus-Christ et votre dévouement à sa divine religion.

« Catholiques, debout encore une fois ! Le dimanche 30 août, prenez le bâton et la gourde des pèlerins, quittez un instant vos chers foyers, pour gravir la colline de Parménie, afin de porter à la Vierge éplorée vos pieuses condoléances !

« Là, en face du saisissant et magnifique pano-

---

(1) Pèlerinage des mille à N.-D. de la Salette, au commencement du mois d'août 1896.

rama qui va des Alpes aux montagnes du Vivarais, des cimes du Bugey à celles du Vercors, panorama qui élève si bien les cœurs à Dieu ; là, en face des rouges scellés de l'Etat crocheteur, venez témoigner une fois encore, par vos religieuses manifestations, que votre foi et votre amour pour la religion et la liberté ne se laissent point ébranler par la persécution de l'impiété et de la franc-maçonnerie !

Donc, le dimanche 30 août, pèlerinage général au Sanctuaire fermé, mais toujours bien-aimé de Notre-Dame de Parménie.

Vive Dieu ! Vive la France ! Vive la liberté !

T.

———

Ordre des exercices pour le pèlerinage du dimanche 30 août, à Notre-Dame de Parménie

Première messe à 6 heures du matin.

Dès le matin on entendra les confessions des pèlerins et la Communion sera donnée de demi-heure en demi-heure.

Deuxième messe, en plein air, à 10 heures 1/2 — instruction — vénération des reliques — exposition du Saint Sacrement.

Midi, dîner.

2 heures 1/2, procession dans le bois de Parménie.

— Durant la procession, on portera la statue de Notre-Dame des Sept-Douleurs et la châsse de la Bienheureuse Béatrix d'Ornacieux dont les reliques reposent à Parménie.

Après la procession, instruction, amende honorable au Saint Sacrement et bénédiction en plein air.

———

OBSERVATIONS

Trois gares sont à égale distance de Parménie.

— Izeaux, sur le chemin de fer de Saint-Rambert à Grenoble.

— Rives, sur le chemin de fer de Lyon à Grenoble.

— Tullins, sur le chemin de fer de Valence à Grenoble.

Il faut 1 heure 1/4 pour parcourir la distance de chaque station à Notre-Dame de Parménie. Ceux qui voudraient prendre des voitures, en trouveront facilement à Izeaux, Rives et Tullins.

Les pèlerins trouveront à Parménie le pain et le vin ; ceux qui désirent y trouver la table complète, sont priés d'écrire à l'avance à Parménie, par Izeaux (Isère).

———

Bien que le pèlerinage de Notre-Dame de Parménie soit toujours très fréquenté ; bien qu'il soit le plus ancien du diocèse de Grenoble, il était nécessaire de publier une courte notice historique sur cet antique pèlerinage. C'est ce que fit la *Croix* sous ce titre :

NOTICE HISTORIQUE

Sur le Pèlerinage de Parménie

———

« La *Croix du Dauphiné* a fait un appel aux catholiques du Dauphiné pour les inviter à se rendre dimanche prochain au pèlerinage de Parménie.

« Nul doute que cet appel ne soit entendu ; il est certain, d'après les renseignements qui nous sont arrivés, que les catholiques tiennent à honneur de venir faire amende honorable à Notre-Seigneur et à sa Mère affligée, que les scellés de l'Etat ont chassés de leur demeure séculaire,

« A cette occasion, nous croyons répondre aux désirs des pèlerins en donnant une petite notice historique sur le pèlerinage de Parménie. Si abrégée que soit cette notice, elle ne manquera pas de les intéresser.

« Parménie. — *Per mœnia*, disent les uns : *Per amœna*, selon les autres, — est une petite colline isolée, entre la plaine de Tullins et celle de la Bièvre : de la cime on jouit d'un splendide panorama qui enchante les visiteurs.

« Plus de quarante clochers, en effet, se découvrent à l'œil nu ; mais ce ne sont point les perspectives curieuses qui nous occupent en ce moment.

« Le pèlerin cherche d'instinct et rencontre presque toujours, sur les montagnes, une croix ou une chapelle. La beauté de l'horizon et la hauteur élèvent l'âme vers Dieu : là où l'homme respire largement et voit de haut, il y a une place pour une chapelle solitaire. Telle est celle de Parménie, aujourd'hui fermée *au nom de la liberté de conscience*. Elle est petite, simple et modeste ; mais elle est riche par les souvenirs qui embellissent son passé,

« Disons donc aux pieux pèlerins que, dès le VIII° siècle, nous voyons les évêques de Grenoble fonder, sur cette montagne, un sanctuaire sous le vocable de N.-D. des Croix et un Chapitre régulier pour le desservir. C'est à l'ombre de ce sanctuaire que les habitants de Grenoble fuyant les invasions des barbares, vinrent s'abriter avec leurs évêques.

« Plus tard, au XI° siècle, saint Hugues, évêque de Grenoble, pour se soustraire aux iniques poursuites de ses ennemis, se réfugia aussi, quelque temps, sur le mont de Parménie,

« En 1221, le 14 septembre, jour anniversaire de la furieuse inondation qui fit périr, pendant la nuit, la majeure partie des habitants de Grenoble, l'évêque de cette ville, Jean de Sassenage, suivi de ses ouailles et des fidèles des paroisses voisines, se rendit en pèlerinage à Parménie, pour remercier Dieu d'avoir échappé au danger.

« Au XIII° siècle, Falcoz, un autre évêque de Grenoble, ayant transféré ailleurs le Chapitre canonical de Parménie, donna ce sanctuaire et ses dépendances à des religieuses Chartreuses ; et, c'est là que se sanctifia la jeune vierge, Béatrix d'Ornacieux, que l'Eglise a placée sur les autels et dont les ossements sont religieusement conservés dans la chapelle de N.-D. des Croix.

« Les pieuses filles de saint Bruno restèrent sur la Sainte Montagne jusqu'au moment où les bandes indisciplinées du prince d'Orange, Louis de Châlons (1), envahissant le Dauphiné, pillèrent et incendièrent le couvent de Parménie. Le pèlerinage fut alors interrompu.

« Mais, dans le XVII° siècle, les bâtiments et l'église de Parménie, abandonnés depuis longtemps, furent relevés et rendus à la vie, grâce à une bergère, bien connue sous le nom de sœur Louise, inspirée par son cœur et sa piété (2). Alors les pèlerins recommencèrent à affluer, plus nombreux que jamais, jusqu'au moment de la tourmente révolutionnaire du siècle dernier.

« La montagne de Parménie jouissait alors d'une trop grande renommée pour échapper à la tempête sociale qui fit sombrer la France. La Révolution sévit sur la modeste église de N.-D. des Croix,

---

(1) Vers 1381.
(2) Voyez : *Notice sur Sœur Louise*, page 84.

comme partout ailleurs, pour n'y laisser que la désolation. Ensuite, elle la livra avec ses dépendances, à de nouveaux maîtres que nous abandonnons au silence et à l'oubli. Puissent seulement leurs noms et leurs scandales disparaître à jamais de l'histoire du Dauphiné !

« *Dios non muere !* Dieu ne meurt pas, disait Garcia Moreno, en tombant sous les coups de ses assassins. La religion du Christ peut être persécutée ; mais elle ne meurt pas non plus.

« Mgr de Bruillard rendit, en effet, l'église de N.-D. des Croix au culte et aux pèlerins ; et, actuellement, le pèlerinage est desservi par un chapelain approuvé par l'Évêque de Grenoble. Notre révolution actuelle, voulant sans doute imiter son aînée, a, dernièrement, fait apposer une quatrième fois les scellés sur la chapelle de Parménie ; mais, elle a beau faire, elle ne parviendra jamais à détruire ce pèlerinage !

« *Dios non muere* ! Nous l'avons encore constaté, le jour de la fête de l'Assomption ; alors que nous avons vu une foule de fidèles se présenter à la Sainte Table, et former une belle couronne autour de l'autel où l'on célébrait la messe en plein air.

Et disons-le en terminant, les populations qui avoisinent le sanctuaire de Parménie, Izeaux, Beaucroissant, Rives, Renage, Tullins, etc., aiment à voir les pèlerins traverser leurs rues et souvent se joignent à eux pour gravir la montagne, où la Vierge Marie se plaît à prodiguer ses faveurs à ceux qui l'invoquent. »

T.

La *Croix du Dauphiné* réimprima, dans son journal hebdomadaire, cette notice historique aussi bien que l'appel qu'elle venait d'adresser aux Dauphinois; de sorte que le pèlerinage réparateur de N.-D. de

Parménie fut, en peu de temps, connu dans toute la région. Des journaux de Lyon, de Valence et de Chambéry, etc., en parlèrent. Les adhésions au pèlerinage affluèrent, soit au sanctuaire de Parménie, soit aux bureaux du journal la *Croix du Dauphiné*. Dès ce moment, le succès du pèlerinage était assuré. Nous l'avons dit : la parole qu'avait semée *la Croix* ne pouvait tomber dans un terrain aride. C'est ce que le journal écrivait lui-même dans son numéro du 25 août 1896 :

« Le pèlerinage de protestation à Notre-Dame de Parménie, dimanche prochain, 30 août, suscite l'enthousiasme dans toute la région environnante.

« On nous écrit, d'une paroisse distante de plus de 30 kilomètres, que les hommes seront nombreux à Parménie, pour protester contre l'inqualifiable violation de la liberté des cultes dont Parménie a été le théâtre.

« Tout nous permet de croire que nous serons très nombreux, dimanche prochain, sur la sáinte colline.

« Pour répondre à divers renseignements:

« 1º Les pèlerins porteront comme insigne la croix avec nœud tricolore, qu'ils pourront se procurer sur place, au prix de dix centimes ;

« 2º Il n'y a pas d'organisation spéciale pour les chemins de fer, ni pour les voitures ;

« 3º Parménie est à environ une heure et demie des gares de Rives, d'Izeaux et de Tullins. »

Voici maintenant comment s'exprime le *Nouvelliste de Lyon*, en parlant du pèlerinage: « N'ou- « blions pas qu'il s'agit de protester contre un acte « d'intolérance, à laquelle nos gouvernants nous « ont depuis trop longtemps habitués et que la fer- « meture du sanctuaire de N.-D. des Croix a été « un acte *particulièrement illégal*. C'est pourquoi,

« en dehors du sentiment d'indignation qu'avait
« d'abord soulevée, chez tous les catholiques, l'ap-
« plication des décrets de 1880, il s'y joint aujour-
« d'hui un *flagrant déni de justice*. Faut-il s'éton-
« ner après cela que les chrétiennes populations
« des environs et d'ailleurs aient eu à cœur d'orga-
« niser ce grandiose pèlerinage ? »

Aussi, dès la veille du 30 août, on voyait à travers les chemins et les sentiers qui serpentent dans
la montagne, les pèlerins arriver, à Parménie, dans
le plus pittoresque défilé ; dès la veille, des femmes,
des hommes qui ont gardé tous les souvenirs de
leur enfance chrétienne, accouraient déjà, pour être
témoins du spectacle édifiant qui devait avoir lieu le
lendemain ; dès la veille, de nombreuses confessions
commencèrent dans la chapelle privée des Pères.
Nous devons l'avouer, la veille, comme le jour du
pèlerinage, les confesseurs ne furent point assez
nombreux pour entendre les pénitents. Les Pères
Olivetains ne s'attendaient pas évidemment à une
telle affluence. C'est pourquoi, beaucoup de pèlerins, hommes et femmes, durent redescendre la
Sainte Montagne sans avoir eu la satisfaction de
remplir leurs devoirs religieux. Dieu leur a tenu
compte de leur bonne volonté !

Les Pères sauront, à l'avenir, obvier à cet incon-
vénient. Nous sommes au 30 août. Nous donnons
maintenant la parole à la *Croix du Dauphiné* pour
rendre compte de l'importante manifestation qui eut
lieu ce jour-là.

Voici d'abord la dépêche qu'elle publie en tête du
journal :

31 août 1896.

« La manifestation catholique organisée pour
« protester contre la fermeture illégale de la cha-
« pelle de Parménie, a été exceptionnellement

« imposante. Une foule de plus de 6,000 personnes
« y a pris part. »

Voici maintenant comment la *Croix* complète cette
dépêche laconique :

UN PELERINAGE DE PROTESTATION

Six mille pèlerins à N.-D. de Parménie

« De mémoire d'homme, ou pour parler plus exac-
tement, depuis l'existence même du pèlerinage de
N.-D. des Croix, jamais on n'avait vu pareille affluence sur la colline de Parménie.

« Le préfet de Luze doit être content de son exploit. Le 23 juillet dernier, il donnait mission à son
commissaire spécial, Simon, de fermer la chapelle
de Parménie et de lui adresser procès-verbal de
cette opération : ce qui eut lieu le lundi 27 juillet.

« A cette date, nous avons signalé aux catholiques de l'Isère cet acte odieux et, ainsi que nous le
verrons tout à l'heure, contraire à la justice. Ce
même jour, nous avons convié les chrétiennes
populations du Bas-Dauphiné, voisines du sanctuaire, à une grande manifestation de protestation.

« La seule réponse à l'acte sectaire de l'Administration, disions-nous, serait un grand pèlerinage
d'hommes des coteaux de Chambarand, de la vallée
de la Fure et des plaines de l'Isère et de la Bièvre,
au sanctuaire fermé de Parménie, l'un des plus anciens lieux de pèlerinage de nos contrées.

« Nous proposons le dimanche 30 août, comme
date du pèlerinage de protestation.

« Qu'en pensent les catholiques ?

« Or, les catholiques viennent de répondre à notre appel.

« Le dimanche 30 août, ils sont montés en rangs serrés à Parménie. Dans la matinée, on a compté plus de 5,000 pèlerins sur la colline, et dans l'après-midi ce nombre était porté à plus de 6,000 (1).

« Nous ignorons si le préfet de l'Isère a envoyé, ce jour-là, son commissaire spécial, assisté du garde champêtre de Beaucroissant, pour dresser un nouveau procès-verbal; mais si ces quelques lignes lui tombent sous les yeux, elles pourront suppléer abondamment au rapport officiel (2).

La matinée

« Le matin, dès l'aube, de longues files de pèlerins arrivent successivement au sommet de la colline. Une croix rustique, placée en travers sur' la porte extérieure, indique aux pèlerins que la persécution religieuse a sévi contre le modeste sanctuaire où jadis ils venaient librement prier.

« Après une première station attristée devant la porte fermée, les pèlerins pénètrent à l'intérieur du cloître. Mais la chapelle intérieure est bien vite in-

---

(1) Primitivement, il avait été décidé que le pèlerinage ne serait formé que par les hommes ; mais, par suite des réclamations qui survinrent de tous côtés, on fut obligé de revenir sur cette decision et les femmes furent admises au pèlerinage.

(2) Nous ne pourrions dire si le commissaire special Simon était present au pèlerinage, mais ce que nous pouvons affirmer, c'est qu'il s'y trouvait des agents de la police secrete. Il y en avait même à Moirans qui n'attendaient qu'un signal pour monter à Parmenie en cas de desordre. Nous ignorons comment ils ont charme les loisirs de leur attente....

suffisante. Ces hommes, ces femmes qui sont venus ici accomplir un acte public de religion, veulent d'abord se confesser et communier.

« Mais le flot des pèlerins augmente de minute en minute, les confessionnaux sont assiégés et c'est en plein air qu'il faut dresser la Table eucharistique.

« Les hommes, surtout, ont été édifiants. Nous avons vu des vieillards qui sont montés à jeun, attendre pour communier, la grand'messe de dix heures et demie (1).

« Ce spectacle des communions d'hommes est devenu fréquent depuis l'institution de nos pèlerinages annuels ; mais il avait à Parménie une édification particulière.

La messe solennelle en plein air

« A dix heures et demie, la grand'messe est chantée en plein air, par M. l'abbé Bard. Un autel a été dressé en face de la chapelle fermée. Au-dessus de l'autel est placée l'image de la Vierge des Sept-Douleurs ; une immense Croix ombragée d'un faisceau de drapeaux tricolores, surmonte l'autel, dont le rétable est formé par les chênes de la forêt.

« M. l'abbé France a fait placer les hommes à droite, les femmes à gauche ; et cette double multitude forme deux chœurs puissants, qui donnent aux chants liturgiques la plus vigoureuse interprétation.

« Après l'Evangile, le R. P. Théodule adresse à

---

(1) Parmi ces vieillards qui ont communié à la messe de 10 h. 1/2, nous en avons vu un âgé de 73 ans, et un autre, père de seize enfants, tous pleins de vie, de santé et de religion.

la foule une solide instruction sur l'histoire des per-
sécutions de l'Eglise :

« L'Eglise, dit-il, a été persécutée dès l'origine
« et à toutes les époques ; depuis la Synagogue, en
« passant par l'empire romain, jusqu'aux modernes
« persécuteurs. Faut-il nous étonner et devons-nous
« craindre pour l'avenir de la religion si, aujour-
« d'hui, la persécution semble redoubler de fureur
« contre l'Eglise?

« Non, car la persécution, c'est la vie de l'E-
« glise.

« Jésus-Christ l'a fondée sur la pierre, et sur cette
« base inébranlable, elle doit résister à tous les
« efforts déchaînés des pouvoirs humains, comme
« des puissances infernales.

« Comment, ajoute l'orateur, elle a triomphé des
« empereurs romains, dont la puissance s'étendait
« sur toute la terre, même sur ces plaines et ces
« coteaux que vous habitez, et elle ne triompherait
« pas des persécuteurs actuels qui se rendent cha-
« que jour si odieusement ridicules? *Confidite*, ayez
« donc confiance, l'Eglise participe à la vie de son
« Maître. Actuellement même, malgré les persécu-
« tions, elle est plus vivante que jamais ; la preuve:
« c'est qu'on l'attaque de toute part. Or, on n'atta-
« que jamais un mourant, on n'attaque jamais un
« mort. *Confidite*, ayez confiance ; mais n'oubliez
« pas que vous pouvez et que vous devez hâter le
« triomphe de la religion par votre fidèle attache-
« ment à ses pratiques. »

« Le *Credo* est ensuite chanté à l'unisson et avec
un ensemble parfait ; ses notes majestueuses et
puissantes sont le symbole de la foi calme et inébranlable des chrétiens.

« Le moment de la Consécration arrive. D'une
voix forte, M. l'abbé France fait entendre le com-
mandement militaire : *Genou terre!*... L'immense

foule s'incline et pendant ces minutes solennelles qui marquent l'abaissement de Dieu jusqu'à nous, on n'entend plus que le silence... un silence profond et impressionnant...

« La messe s'achève pendant que les chants continuent.

« Le R. P. Théodule a demandé aux pèlerins une manifestation pieuse et tranquille; il leur a demandé le respect des scellés. La protestation se poursuivra donc par la prière et pour ainsi dire par le seul fait du pèlerinage.

« Toutefois, il est une protestation légitime que M. l'abbé France demande aux pieux pèlerins de Parménie. La chapelle a été fermée *illégalement* et *au mépris de conventions antérieures signées par le Gouvernement et l'Autorité épiscopale*. Une adresse de protestation contre cette fermeture irrégulière et demandant la réouverture selon les formes légales, vient d'être rédigée et sera présentée à tous les hommes faisant partie du pèlerinage.

« Cette adresse, M. l'abbé France demande aux hommes de la lire et de la signer en leur nom et au nom de tous les catholiques de la région.

L'Acte de protestation

« Voici le texte de cette adresse ; elle est, comme on le verra, solidement motivée et elle appellera, nous n'en doutons pas, l'attention d'une administration soucieuse de la justice et de la légalité :

« Les soussignés, citoyens français, tant en leur
« nom qu'au nom des six mille personnes présentes
« à Parménie, le dimanche 30 août 1896 ;

« Attendu qu'ils ont constaté que des scellés ont
« été apposés sur la porte de la chapelle de N.-D.
« de Parménie ;

« Attendu que des scellés ont même été apposés
« à l'intérieur de la chapelle et que pour cela on a
« dû pénétrer dans un domicile privé ;

« Attendu qu'il résulte d'un acte passé le 14 fé-
« vrier 1857, par Mgr Ginoulhiac, agissant comme
« administrateur du diocèse de Grenoble, alors pro-
« priétaire de la chapelle· de Parménie et de ses
« dépendances, que ladite chapelle a été vendue à
« M. le comte de Bainville et à M. Louis Bedeau ;

« Attendu que lesdits acquéreurs ont pris l'enga-
« gement « sous peine de rescission de l'acte, de
« conserver à la chapelle et à la sacristie sa desti-
« nation religieuse, sous la surveillance de Mgr
« l'Evêque de Grenoble, conformément aux canons
« de l'Eglise » ;

« Attendu que, cependant, l'acte en question avait
« été approuvé par un décret du 18 octobre 1856,
« signé par l'empereur Napoléon et contresigné par
« M. Rouland, ministre de l'instruction publique et
« des cultes ;

« Constatent que, par l'apposition desdits scellés,
« le Gouvernement a manqué à la parole donnée,
« commis une violation de domicile et une illéga-
« lité ;

« Protestent contre cette apposition de scellés et
« réclament la réouverture, dans le plus bref délai,
« de la chapelle de N.-D. de Parménie, au nom *de*
« *la liberté* et *de la justice.*

« Fait à Parménie, le dimanche 30 août 1896. »

« Cette pétition protestataire a été, en quelques
heures, couverte de signatures (1).

----

(1) Grand nombre d'hommes de communes voisines qui
n'avaient pu assister au pèlerinage, ont demandé à ce que
cette adresse fût portée dans leurs paroisses respectives.
C'est ce qui eut lieu et l'adresse fut couverte de nombreu-

Les Vêpres et la Procession

« A deux heures, au pied de l'autel où l'on a célébré la messe en plein air, on chante les vêpres solennelles. M. l'Archiprêtre de Tullins préside la cérémonie. Bannières et drapeaux servent à la décoration de l'autel, comme à la cérémonie du matin. Le drapeau paroissial de St-Etienne-de-St-Geoirs, entouré d'une vaillante cohorte d'hommes et de jeunes gens, déploie vers l'autel ses plis tricolores.

« Avant le départ pour la procession, M. l'abbé France prononce une vibrante allocution.

« Je suis citoyen romain! » C'est par ce cri que « l'apôtre saint Paul protestait contre un déni de « justice que l'on s'apprêtait à accomplir contre lui. « Et devant cette fière parole, les verges et les « fouets, prêts à frapper, s'abaissaient.

« Nous sommes citoyens français et nous sommes « catholiques.

« C'est à ce double titre que nous sommes là...

« Comme catholiques, nous venons demander pardon à notre Dieu de l'insulte qui lui a été faite. « Car toute fermeture d'église catholique, c'est une « expulsion de Jésus-Christ de son temple, et cette « expulsion est le plus sanglant affront qu'il puisse « recevoir.

« Comme Français, nous venons réclamer nos « droits. Parménie est une chapelle qui doit être « ouverte au public. Ce droit est reconnu par un

ses signatures. — Cette protestation ou plutôt cette demande de l'application du droit et de la justice n'a eu jusqu'à présent aucun effet. L'attention de l'Administration est si soucieuse de la justice et de la légalité qu'elle n'en a fait aucun cas ! En France, chez les sectaires, c'est comme chez les Prussiens en Allemagne : *la force est le droit.*

« décret ministériel. Nous demandons, en vertu
« même de la légalité, qu'elle soit rendue à sa des-
« tination première.

« Nous voulons que la liberté, l'égalité, la frater-
« nité ne soient point de vains mots.

« Cette chapelle est fermée, alors que légalement
« elle devrait être ouverte ; et les loges sont ouver-
« tes, alors qu'elles abritent illégalement des socié-
« tés secrètes, condamnées par la loi !...

« Ah ! la franc-maçonnerie voudrait peut-être que
« nous nous cachions dans nos temples, comme
« elle se cache dans ses loges.

« Mais non ! les ténèbres conviennent à l'erreur
« et à la malfaisance, tandis que la vérité demande
« le plein jour et les grandes foules. »

« L'orateur termine en adjurant les mères de famille de façonner leurs enfants en héros chrétiens,
capables d'aller jusqu'à la prison et au martyre
pour la défense de la religion attaquée.

« Puis, se retournant vers les 1,500 hommes présents, il leur rappelle que la constitution du pays
leur reconnaît le droit du vote, qui devient, à l'heure
actuelle, un devoir sacré. C'est par les élections
chrétiennes que nous arriverons à refaire une France
chrétienne.

« Que les électeurs chrétiens le comprennent
bien et agissent en conséquence.

« À plusieurs reprises, ce discours a été interrompu par des bravos et des applaudissements fré-
nétiques.

« Puis une immense procession s'organise sur le
chemin qui sert de ceinture au sanctuaire, à travers
les bois et les prairies. C'est le même spectacle qu'à
Lourdes et à la Salette aux jours de grandes solen-
nités. Ici on chante, là on prie ; plus loin, on alterne
le chant avec la prière ; les notes du *Magnificat* et
de l'*Ave maris stella* s'harmonisent avec celles des

cantiques populaires : *Je suis chrétien... Nous voulons Dieu... Catholiques et Français*, etc., etc.

« Et cela dure pendant plus d'une heure. Les coteaux se renvoient les joyeux échos de ces chants d'allégresse ; là-bas, dans la plaine, les sceptiques, qui croyaient la foi morte, lèvent les yeux vers la colline de Parménie et croient entendre la voix des célestes concerts...

Acclamations et Promesses

« Des journées si belles et si consolantes devraient ne pas avoir de déclin. Bientôt, cependant, tout va finir avec la fin du jour. Mais non, il est quelque chose qui reste, et l'enthousiasme de cette journée doit survivre aux cérémonies imposantes qui l'ont fait naître.

« C'est l'heure des acclamations et des promesses. M. l'abbé France, après avoir lu, au nom de tous, un acte de consécration au Sacré-Cœur, propose aux pèlerins de Parménie de renouveler en ce lieu les promesses chrétiennes du baptême de la France.

« Tous debout devant l'autel champêtre, où le Saint Sacrement vient d'être exposé, lèvent la main vers l'Hostie sainte et après chaque promesse faite par l'orateur, ils répondent d'une voix unanime et vibrante :

« *Nous le jurons* !

« A la fin, cette multitude chrétienne acclame par trois fois l'Auteur et le Maître de tout bien, N.-S. Jésus-Christ.

« *Vive Jésus-Christ* !

« Et l'on entend successivement :

« *Vive la Très Sainte Vierge Marie* !

« *Vive Léon XIII!*

« *Vive Monseigneur Fava* !

« La bénédiction du Saint Sacrement clôture cette dernière cérémonie.

« Dieu bénit son peuple comme jadis il bénissait le peuple choisi dans les jours solennels de protestations et de promesses ».

Tel est le récit du journal.

Ce compte rendu de la cérémonie du 30 août à Parménie, quoique très explicite, était encore incomplet ; c'est pourquoi la *Croix du Dauphiné* jugea à propos de revenir à plusieurs reprises sur cette grande manifestation. Tous ceux qui étaient présents au pèlerinage ainsi que ses nombreux lecteurs lui en sauront gré.

Elle écrivait encore dans son numéro du 3 septembre 1896 :

LA MANIFESTATION DU 30 AOUT A PARMENIE

Détails complémentaires

« Dans notre hâte à rendre compte aux lecteurs de la *Croix* de l'imposante manifestation qui a eu lieu le 30 août, à Parménie, pour protester contre l'apposition illégale des scellés sur la chapelle de cet antique pèlerinage, nous avons nécessairement omis quelques détails bien intéressants. Nous réparons aujourd'hui notre oubli.

« Nous devons d'abord un témoignage de vive reconnaissance au R. P. Amédée Bonnard, chapelain de N.-D. de Parménie, pour l'accueil empressé et sympathique avec lequel il a reçu les visiteurs, aussi bien que tous les pèlerins. Avec l'amabilité qui le caractérise, il a su se faire tout à tous, malgré la multitude de ceux qui ont pris part à la manifestation. Pour clôturer la cérémonie, il se disposait à adresser ses félicitations à l'immense foule des pèlerins; mais, absorbé par ses occupations, il a prié le R. P. Théodule d'exprimer, en son nom, des remerciements bien mérités à tous ceux qui avaient contribué à donner de l'éclat aux cérémonies de la journée, et à tous les pèlerins sans exception, pour le calme, le bon ordre et la piété dont ils avaient donné le spectacle.

« Nous devons aussi une mention toute spéciale à MM. les Curés qui avoisinent Parménie. C'est ainsi que nous avons vu les paroissiens d'Izeaux, Renage, Vourey, Tullins, Fures, St-Paul-d'Izeaux, Plan, la Forteresse, Saint-Etienne-de-Saint-Geoirs, gravir la montagne, en longues files de processions, et accompagnés pour la plupart de leurs pasteurs.

« Grand nombre d'autres curés ont devancé leurs offices du dimanche, afin de pouvoir venir, eux aussi, témoigner leur sympathie aux persécutés de Parménie et leur dévotion à la Mère des Douleurs. Trente-cinq à quarante ecclésiastiques environ, ont pris part, soit à la cérémonie du matin, soit à celle du soir.

« Détail touchant ! Des chrétiens généreux — et qui veulent rester inconnus — ont eu la pensée de distribuer un pain bénit aux pèlerins, afin qu'ils puissent le partager avec les absents, en rentrant, le soir, dans leurs foyers. C'était un pieux souvenir des agapes chrétiennes, en usage dans les premiers siècles de l'Eglise ; c'était donner une leçon pratique de la vraie fraternité... hélas ! trop méconnue de nos jours, puisqu'on se contente d'en inscrire le nom sur les murs des édifices publics.

« Nous l'avons déjà dit, et nous aimons à le répéter, le pèlerinage du 30 août a été une journée de piété et de calme. Le R. P. Chapelain avait recommandé ce calme à la première messe, qu'il a dite dès l'aurore, en plein air ; et, dans toutes les autres messes, également en plein air, qui ont suivi la sienne, le même calme a toujours été demandé. Nous savons comment il a été observé et nous pouvons affirmer que, ni le garde champêtre de Beaucroissant, si zélé cependant pour la surveillance des portes de l'église de Parménie, ni les agents de la police secrète n'ont eu à enregistrer le moindre désordre.

« Disons, en terminant, que les pèlerins se sont quittés en jurant, en présence du Saint Sacrement, de se retrouver à Parménie, lorsque la chapelle aura été rouverte par les soins de ceux qui l'ont fermée.

« Ce sera le pèlerinage de reconnaissance. M. le Préfet de l'Isère aura été, sans le vouloir, la cause occasionnelle de deux belles manifestations catholiques. C'est assurément le plus beau souvenir qu'il puisse laisser de son passage à la préfecture de l'Isère. »

T.

Tel est le compte rendu de la *Croix du Dauphiné* ; tel est aussi celui du *Nouvelliste* et de la *France Libre* de Lyon, qui avaient envoyé des rédacteurs spéciaux pour être témoins de la grande manifestation du 30 août. Tel est enfin le compte rendu qui a été fait par la *Croix de Paris*, par toutes les *Croix* des départements, par tous les journaux catholiques et par toutes les autres feuilles publiques qui ont conscience des lois les plus vulgaires, je ne dirai pas seulement de la justice et de la liberté, mais du plus simple bon sens.

Nous ne reproduirons pas les témoignages de sympathie qui sont alors parvenus soit à la *Croix du Dauphiné*, pour sa vaillante initiative, soit aux Religieux de Parménie pour l'heureux succès du pèlerinage ; nous ne reproduirons pas non plus les appréciations d'un grand nombre d'autres journaux, toutes en faveur de la religieuse manifestation. Ces reproductions nous feraient dépasser les limites que nous nous sommes tracées en écrivant ce livre.

Qu'il nous suffise de dire que toutes ces sympathies, toutes ces appréciations ainsi que tous les désirs des pèlerins se résument dans ces trois mots:

Dieu! France! Liberté!

Ici, les lecteurs voudront bien nous permettre de citer une lettre en patois qui a été envoyée à la *Croix du Dauphiné*, par un habitant de St-Etienne-de-Saint-Geoirs, et que le journal a reproduite en entier.

Cette lettre sera comme un grain de gaieté qui relèvera un peu la gravité et la monotonie de notre récit. Si la vérité doit toujours être grave, je ne sache pas qu'un peu de gaieté lui soit jamais nuisible.

Un auteur n'a-t-il pas dit:

> Heureux qui..... sait d'une voix légère
> Passer du grave au doux, du plaisant au sévère.
> ....,
> Le style le moins noble a pourtant sa noblesse.

C'est là, ce me semble, notre cas: aussi, à l'exemple de la *Croix*, nous vous livrons, amis lecteurs, la lettre du paysan de Saint-Etienne, lettre qui n'est pas complètement dépourvue de bon sens, ni même d'une certaine philosophie.

Saint-Etienne-de-Saint-Geoirs. — On nous écrit (3 septembre 1896):

« Monssieu le Rédacteu,

« E y a deja bien lontin que je ne vo zet pa bailla de novelles et le tin comminçiave pe me dora. E pe ritien que je profite de l'ocasion dou pelerinage de Premegne pe vô dire que je ne me set jamé mieu porta, ainsi que la mère Toinon qua tojô garda un bon sovegni de vô.

« E pe vô raconta l'arriva dou pèlerin de Saint-Etienne et dou z'environ que je prenne la pluma à la man. Je tien en trin de bère picota au grand café avoè mon ami Choe, que vo cogneussié bien, quand non entindia arriva le voetore, mais é n'ayé que de fenne d'idien avoe le conducteu. Gn'y compregnan rien et n'ayé que creyan que le z'home ayant pou de travresa la grande rue de Saint-Etiéne.

« Mi ne poyen pas ou crère, mais ne sagin pas que dire quand tôt à co le drapeau s'avance porta su ina voèteura qu'allave ou pa ; poé daré ina quarantenne 'au moins de pèlerins que chantavan comme de z'orgues.

« La grande rue de Saint-Etiéne tié plena de monde que tian contin de vêra tien.

« Ya vié bin dieu ou trè fortes tetes de quele que n'en pa bezoin dou Bon Dieu parcequé sont trop intélligin, mais é n'en pas pipa mot.

« Mi ma tellamin fa plésir que je n'ai attrapa une bonna coéta et en m'en allant la rue tié pa de resta large. Peta de sort on n'a pas tojô l'occasion et en n'en profite.

« Su tien, Monsseu le Rédacteu, je vo sarre bien la man, en attindan le plésir de vo revèra.

« Toéne. »

Après tout ce que nous venons de dire, il nous est maintenant bien permis de constater que si, par son exploit de Parménie, M. le Préfet de l'Isère a voulu livrer son nom à la publicité, il a largement atteint son but. Nous croyons même qu'il pourrait, après cet exploit, répeter ce qu'un de ses predécesseurs à Grenoble, M. Ribert, le premier crocheteur du sanctuaire de Notre-Dame des Croix, disait un jour à Rives, aux maires du canton qui l'avaient assisté au conseil de revision (en 1883, si nous ne nous trompons) : « *Nous sommes étonnés que les gens intelligents ne viennent pas à nous*, disait M. Ribert. » Eh bien, Monsieur de Luze, actuellement préfet de l'Isère, laissez-nous vous affirmer aujourd'hui, que jamais les pèlerins de Parménie n'iront à vous. Ils sont républicains aussi bien que vous, Monsieur le Préfet ; mais leur républicanisme est trop intelligent pour aller à un franc-maçon, à un sectaire et à un crocheteur !

Nous terminerons ce chapitre par une poésie qui vient de nous être communiquée et qui est l'œuvre d'un poète de la région qui a souvent d'heureuses inspirations. Nous dédions cette poésie à qui de droit.

LE DUC DE PARMÉNIE

Ni Roger, ni Robert (1), gens de basse roture,
Qui n'avaient au soleil ni quartier, ni blason,
N'avaient encore osé braver la flétrissure
Qui s'attache à qui prend au Bon Dieu sa maison.

Mais un fils des Croisés, sans pudeur ni vergogne,
Foulant aux pieds son nom, la race des vaillants,
Vint s'offrir aux Maçons, pour la sale besogne,
De recoller des sceaux qu'avaient pourri les ans.

Il faut bien surpasser les autres en sottise
Pour arriver plus tôt en ce temps de progrès,
Puisque des gros emplois ce qui donne l'accès
Vient toujours d'avoir fait la plus grande bêtise.

Qu'on redise son nom aux âges reculés,
Car c'est un pur du jour ; il faut qu'on le blasonne

---

(1) L'un et l'autre anciens préfets de l'Isère.

Pour le faire appeler *descendant* des Croisés :
De gueule au cri de guerre : Il n'a peur de personne.

Je demande au Bon Dieu de convertir son cœur,
Car il est loin de moi de souhaiter qu'il meure,
De graver sur sa tombe : Honte au persécuteur !
Sur qui meurt sans pardon le droit reprend son heure.

Pour en perpétuer l'odieux souvenir,
Sur sa pierre on lirait : *Ci-gît ce grand génie*
Qui mit à chasser Dieu son plus lâche plaisir,
Et fut, pour cet exploit, fait duc de Parménie !

CHAPITRE III

FUTURS PÈLERINAGES A N.-D. DE PARMÉNIE

« Prière aux pèlerins de ne faire aucune mani-
« festation bruyante ou tapageuse. Le pèlerinage
« du 30 août a été uniquement organisé, pour pro-
« tester paisiblement et chrétiennement contre l'ap-
« position des scellés sur une chapelle qui, d'après
« les conventions signées, en 1857, entre l'Evêché
« de Grenoble et le Gouvernement français, doit
« rester ouverte au culte. Ce n'est pas nous seule-
« ment qui avons été chassés de cette chapelle,
« mais c'est vous aussi qui en avez été expulsés.
« Protestez donc, c'est votre droit comme c'est
« votre devoir ; mais protestez par votre calme et
« votre Religion, comme vous témoignez, par votre
« présence, combien est navré votre cœur en
« voyant que vous ne pouvez plus pénétrer dans un
« sanctuaire si fréquenté par vos pères depuis des
« siècles, et, en espérant que l'amour de la justice
« et de la liberté fera bientôt ouvrir les yeux à
« ceux qui nous ont interdit l'entrée de ce sanc-
« tuaire. »

C'est en ces termes que les Pères de Parménie
s'adressèrent aux nombreux pèlerins qui, le 30
août, dès six heures du matin, s'étaient empressés
d'accourir et couvraient déjà la pelouse qui s'étend
devant le sanctuaire fermé, afin d'assister à la première messe. La même recommandation fut renouvelée à chacune des messes qui furent, comme la

4

première, célébrées en plein air, jusqu'à l'heure de la messe solennelle.

Les pèlerins avaient le cœur trop bien placé, ils étaient trop profondément attristés, ils étaient surtout animés de sentiments trop chrétiens pour ne pas se conformer, avec bienveillance, à la recommandation des Pères Olivetains ; aussi, dit le *Nouvelliste* de Lyon : « La protestation a été ce qu'elle « devait être, digne et calme, pas un cri discor- « dant, et les roussins envoyés de Grenoble ont « conservé l'incognito. »

Les plus beaux jours ont leur déclin : la journée du 30 août à Parménie devait aussi avoir le sien. Après la magnifique procession qui s'est déroulée sur une longueur de plus de quinze cents mètres, après la bénédiction du S. Sacrement, après avoir juré de rester fidèles à N.-D. de Parménie, les pèlerins durent songer à redescendre la Sainte Montagne. Ils avaient hâte, en effet, de raconter aux absents les merveilles dont ils venaient d'être témoins et de rapporter dans leurs foyers les bénédictions divines dont ils venaient d'être comblés. Cependant, ils ne se quittèrent point sans se communiquer leurs pensées intimes : ils furent unanimes pour se redire ces paroles qui forment le résumé de toutes leurs pieuses impressions : « Oh ! que cette journée a été belle ! Comme elle a été vite passée ! » Et cependant, ils devaient être fatigués du voyage d'abord, et aussi de la multiplicité des exercices religieux auxquels ils venaient de prendre part ! Néanmoins, ils n'ont point voulu se quitter sans se dire : « Au revoir ! A bientôt ! »

Oui, chers et religieux pèlerins, au revoir ! A bientôt ! Mais quand viendra ce bientôt ? Faut-il attendre que le Gouvernement, ainsi que nous l'avons demandé à Dieu, au jour de notre grande manifestation, ouvre enfin les yeux sur l'illégalité et l'injustice qu'il a commises en apposant les scellés sur la chapelle de N.-D. des Croix? Hélas! une longue et trop triste expérience nous porte à croire que des années s'écouleraient sans que nous puissions nous revoir sur la Sainte Montagne !

Qu'avons-nous donc à faire ? Ce que nous avons à faire ? Le voici : Une lettre écrite à la *Croix du Dauphiné* et reproduite par elle, huit jours après notre inoubliable pèlerinage, va tracer notre ligne de conduite.

LA MANIFESTATION DE PARMÉNIE

Echos du Pèlerinage

On nous écrit : *6 septembre 1896.*

« Monsieur le Rédacteur,

« A votre compte rendu si fidèle de l'imposante manifestation de Parménie, je vous prie d'ajouter les détails complémentaires suivants :

« Vous ne sauriez vous faire une idée de l'impression prodigieuse produite sur toute la région environnante par l'éclatant succès du grand pèlerinage et par la vitalité de la foi qu'il a révélée dans nos populations. Le sentiment général (à quoi bon le cacher) estimait d'avance à 500 ou 600 au plus, le nombre des pèlerins qui répondraient à votre appel. Quand le retour des pèlerins et leurs récits enthousiastes eurent fait connaître le chiffre de 6 à 7,000, la nouvelle de cette affluence inouïe a retenti comme une fanfare triomphale dans toutes les communes avoisinantes. Les sectaires assez rares, qui nourrissent encore l'illusion d'enterrer le catholicisme, étaient comme frappés de stupeur, en voyant encore tant de vie à ce futur défunt. Pour le bon peuple à l'âme droite, trop indifférent parfois, mais au fond croyant toujours, outre l'approbation et la sympathie qu'il témoignait ouvertement à cette superbe protestation, il éprouvait un réel sentiment de soulagement et de joie. Il comprenait fort bien que la religion catholique qui est la sienne reste, malgré tous les efforts de l'impiété depuis 20 ans, la plus grande force morale qui soit au monde et qu'une force qui d'un mot, sur un simple signal, peut ainsi soulever les masses pour le droit et la liberté, n'a qu'à vouloir, pour devenir victorieuse et pour enterrer tous ses aspirants fossoyeurs.

« Il serait injuste de ne pas mentionner ici, nous ne dirons pas la correction, mais la politesse et l'affabilité de la population d'Izeaux envers tous les pèlerins. Cette preuve de tact et d'hospitalité mérite des éloges sans restriction. On comprend mieux la liberté ici qu'à La Mure, et l'on voit qu'Izeaux ne possède aucun Chion-Ducollet (1).

« Le soir, quand la foule immense qui chantait et priait sur le plateau de Parménie s'est enfin brisée pour se répandre par toutes les pentes du coteau dans toutes les directions, pareille aux torrents qui s'écoulent aux jours des grandes ondées, le spectacle était vraiment admirable.

« Tous les échos de la Bièvre et de la vallée de

---

(1) Nous devons constater, après une expérience de 26 ans, que toutes les communes sans exception qui avoisinent le sanctuaire de Parménie ont toujours été bienveillantes et affectueuses pour les pèlerins.

Tullins retentissaient de chants de foi et de *liberté.*
Sur toutes les routes, des groupes passaient en
chantant, et la voix puissante des hommes remplis-
sait plaines et vallées. Dans tous les villages, la
foule se pressait sur leur passage, et leur faisait le
plus fraternel accueil.

« Et maintenant, ce puissant mouvement d'ascension au vénéré sanctuaire de N.-D. des Croix va-t-il
brusquement s'arrêter ? Et cette magnifique protestation restera-t-elle un fait isolé ?

« Non, il ne le faut pas, ce ne serait pas assez.

« La tyrannie des sectaires a fermé la chapelle de
Parménie ; la foi et la liberté doivent ouvrir l'ère des
pèlerinages réguliers à ce sanctuaire local.

« Tout en assure d'avance le succès : la facilité
de l'accès et l'absence presque complète de tous
frais de voyage.

« Que chaque année, désormais, on fixe donc un
dimanche, par exemple le premier dimanche de
septembre, pour un pèlerinage d'hommes, *rien que
d'hommes*, à Parménie. Les trois cantons de Tullins,
de Rives, de Saint-Étienne et quelques autres y
enverront leurs catholiques en foule.

« Quant aux femmes, on les convierait aussi ou
à un pèlerinage général comme celui des hommes,
ou à des pèlerinages cantonaux.

« Les pasteurs des paroisses voisines seront heureux de diriger ces belles manifestations. Après une
messe matinale célébrée dans leur paroisse, ils
partiraient ensuite à la tête de leur troupeau,
chanter à Parménie la grand'messe et les vêpres.

« C'est ainsi que de la persécution, nous pouvons
faire sortir le triomphe. Sur chaque ruine religieuse
semée par les sectaires, fondons un acte religieux
imposant, et ressemblons à nos pères, qui sur les
débris de leurs églises incendiées par les barbares,

élevaient, plus beaux que les précédents, des temples immortels » (1).

En annonçant la mise des scellés sur la chapelle de Parménie, la *Croix du Dauphiné* prononçait ces paroles qu'on nous permettra de reproduire une troisième fois :

« La seule réponse à cet acte sectaire serait un « grand pèlerinage d'hommes au sanctuaire fermé « de Parménie, l'un des plus anciens lieux de pèle- « rinage de nos contrées (2).

« Nous proposons le dimanche 30 août, comme « date du pèlerinage.

« Qu'en pensent les catholiques ? »

---

(1) Nous n'avons pas l'honneur de connaître l'auteur de cette lettre : qu'il nous permette néanmoins de lui adresser ici nos plus chaleureuses félicitations et nos plus sincères remerciements.

(2) La montagne de Parménie a dû être choisie primitivement pour un lieu d'adoration païenne.

D'après des chroniqueurs sérieux et judicieux, la déesse Vénus y eut un temple.

Avec la civilisation chrétienne, il n'est nullement surprenant que le culte du vrai Dieu ait été substitué, sur cette montagne, au culte des idoles. Les exemples à Grenoble, à Lyon et ailleurs en sont plus que fréquents.

Cependant il nous est impossible de fixer, même *approximitivement*, l'époque où commença exclusivement, pour Parménie, une existence chrétienne.

Tout ce que nous savons, c'est que vers l'an 650, l'histoire commence à enregistrer une série non interrompue de faits qui prêtent à Parménie un rôle imposant dans l'histoire de la religion chrétienne en Dauphiné.

Ainsi, Austrabert, archevêque de Vienne, s'y réfugie pour fuir devant les armées de Charles-Martel, etc., etc. Voir *Notice historique sur Parménie*, page 26.

D'après ces documents et d'autres encore qu'il serait trop long de citer, nous pouvons conclure que Parménie est, non seulement l'un des plus anciens pèlerinages de la contrée, mais le *plus ancien*.

Ce qu'ont pensé les catholiques... ? Tu le sais, *Croix du Dauphiné*, puisque tu assistais à la protestation calme, religieuse et chrétienne du 30 août. Tu as pu voir près de sept mille pèlerins de l'Isère et d'ailleurs, répondre au premier appel que tu leur as fait.

Tu as porté, comme toujours, la bonne semence, et cette semence a largement produit son fruit.

Tu nous convoques maintenant à Parménie pour un nouveau pèlerinage, composé d'*hommes seulement*. Nous y serons avec toi. Marche en avant, heureux et fiers, nous nous engageons à suivre ta noble bannière.

La *Croix du Dauphiné* propose donc *aux hommes* un pèlerinage annuel à N.-D. des Croix pour le premier dimanche du mois de septembre.

Hommes catholiques de l'Isère ! Nous qui écrivons ces lignes, nous vous connaissons presque tous, nous vous avons vus, appréciés et aimés dans plus de deux cents paroisses de votre vaste diocèse. C'est pourquoi nous nous permettons d'être votre interprète et de dire, en votre nom, que vous acceptez la proposition qui vous est faite par la *Croix du Dauphiné*, assurés d'avance de votre généreux empressement à répondre au premier signal qui vous sera donné.

Nous aurions fait injure à votre foi, nous aurions douté de vos sentiments religieux, nous aurions paru vous supposer capables de trahir les promesses que vous avez faites à la Mère des Douleurs au jour mémorable du grand pèlerinage du 30 août dernier ; nous aurions semblé enfin vous croire capables de renier la foi de vos pères, si nous n'avions répondu affirmativement aux avances de la *Croix* ; or, c'est ce que vous ne consentiriez jamais à admettre. C'est aussi ce que nous n'admettrons jamais pour vous.

Donc, le premier dimanche de septembre, mois où l'on célèbre la fête de N.-D. des Croix, est désormais le jour fixé pour le pèlerinage des hommes des coteaux de Chambarand, de la vallée de Fures, des plaines de l'Isère, de la Bièvre et d'ailleurs au sanctuaire plus de dix fois séculaire de N.-D. des Croix à Parménie.

La *Croix du Dauphiné* propose également un pèlerinage, ou général des femmes, ou pèlerinage par région cantonale. Les femmes chrétiennes de l'Isère aiment trop le vénéré sanctuaire de N.-D. des Croix pour que nous fassions des instances auprès d'elles en les pressant d'accepter avec enthousiasme ce pèlerinage annuel. Leur fidélité et leur empressement à se rendre, chaque dimanche, à la chapelle de Parménie est une garantie plus que suffisante de leur acquiescement à la proposition de la *Croix*. Qu'il nous suffise donc de leur dire que le jour de leur pèlerinage, ou général, ou cantonal, sera fixé, chaque année, par le journal la *Croix du Dauphiné*, qui est répandu dans toutes les paroisses du diocèse de Grenoble.

Cependant, ce pèlerinage n'aura lieu qu'autant que les femmes se seront entendues avec MM. les Archiprêtres et Curés de leurs paroisses respectives.

A cette occasion, quelques chrétiens, même des plus fervents, nous demanderont peut-être quelle est l'utilité de ces nombreux pèlerinages? Pour répondre à leur question, nous laisserons la parole à Mgr Gerbet, ancien évêque de Perpignan.

« Il est incontestable, dit-il, que Dieu s'est plu à choisir, dans chaque pays, quelques sanctuaires pour y faire éclater, par des marques plus sensibles, sa puissance et sa bonté. Dans la plupart des cas, les motifs de ce choix restent voilés pour nous. Il en est, à cet égard, du monde surnaturel comme du monde matériel. Pourquoi Dieu a-t-il disposé le jeu des causes physiques de telle sorte que ces sources d'eau si salutaires, qui sont comme les remèdes préparés par la nature pour les infirmités des hommes, fussent le privilège de certains points du globe, à l'exclusion de tous les autres? La raison de ce fait se cache dans les mystères primitifs de la création.

« De même, pourquoi a-t-il voulu que les principes de la vie spirituelle eussent, à quelques égards, dans certaines églises, une vertu plus active, plus efficace pour le soulagement de nos misères? Pourquoi y a-t-il placé ce qu'on pourrait appeler les eaux thermales de la grâce? C'est un des secrets du plan divin, suivant lequel les bienfaits de la Rédemption se distribuent sur la terre. Tout ce que nous pouvons dire, en général, c'est que ce fait mystérieux paraît être une continuation de ce qui s'est vu jadis dans l'enceinte de la Judée, lorsque le Seigneur en visitait les villes et les bourgades. Depuis qu'il est tout à la fois invisible et présent dans son Eglise, il reproduit, à quelques égards, la marche qu'il a suivie pendant qu'il était présent d'une manière visible au milieu des hommes. On voit, par les récits de l'Evangile, qu'il a témoigné une sorte de préférence pour certaines localités. Il les a marquées du sceau de ses paroles et de ses miracles. C'étaient souvent des lieux obscurs, sans renom jusqu'alors. Souvent aussi il choisissait des endroits écartés, solitaires, pleins de silence et de recueillement. Il aimait particulièrement à prier sur les montagnes où le corps est élevé au-dessus de la terre, comme l'âme doit s'élever au-dessus des bruyantes futilités du monde.

« Ces caractères topographiques se retrouvent, au moins en partie, dans la plupart des sanctuaires qui sont, en chaque pays, de merveilleux foyers de grâce et de piété .»

C'est ainsi que sous le vocable de N.-D. des Croix, Parménie est devenu un lieu de pèlerinage toujours cher à la piété. On y venait autrefois, instinctivement poussé par un sentiment religieux; on y vient encore aujourd'hui, pour raviver sa foi ; on y viendra toujours pour y chercher force et courage au milieu des épreuves inséparables de notre vie d'ici-bas.

Pourquoi la Mère des Douleurs a-t-elle choisi, de préférence, le mont de Parménie comme lieu de sa protection....? Demandez à la Garde de Marseille, à Fourvière de Lyon, à l'Osier, à la Salette et à tant d'autres lieux célèbres où la Vierge Marie se plaît à prodiguer ses faveurs, pourquoi la Mère de Jésus s'y plaît mieux qu'ailleurs....

Demandez aux cimes du Moria et du Sinaï, au Thabor, au Golgotha, aux monts de Sion et des Oliviers, la raison des grandes scènes qui les ont illustrées à jamais. Une voix intérieure vous répondra :

« Sur les hauts lieux, le monde et ses frivolités
« sont mieux sous nos pieds, le cœur se dilate da-
« vantage en présence d'un horizon qui rappelle
« l'immensité divine, l'âme déploie plus facilement
« les ailes de sa pensée et de son amour. Les
« grandes et sublimes aspirations nous vien-
« nent à l'envi. Dieu est là, *Deus prope est.* »

On pourra peut-être dire encore : — Pourquoi monter si haut et aller chercher si loin ce que l'on peut trouver à côté de soi? — L'Esprit de Dieu souffle où il veut, répondrons-nous. S'il lui plaît d'ouvrir plus merveilleusement la source des bienfaits incessants et des ineffables miséricordes de Marie en des lieux où se trouve mieux la *Porte du Ciel*, selon l'expression de Jacob, qu'avons-nous à dire, qu'avons-nous à faire, sinon à écouter la voix de Dieu, à admirer et à profiter ?

Il y a dans les hauts lieux une mystérieuse influence qui a saisi le paganisme lui-même. La nature aussi semble subir cette influence. Ne sont-ce pas les lieux élevés que le soleil se plaît à dorer de ses premiers feux du matin et de ses derniers rayons du soir, comme s'il voulait ainsi témoigner aux cimes que, la veille, il n'a abandonnées qu'avec peine, la joie de les revoir à son lever et de les éclairer de ses premières lumières ?

Oui, il y a dans les montagnes une espèce d'enchantement qui nous séduit, nous transporte et nous élève jusqu'à Dieu.

Partout et à toutes les époques, elles ont toujours été l'objet d'une sorte de culte. Dans toutes les régions, on les a consacrées par une tradition religieuse ou une gloire historique. Mais quand il s'agit de trouver Dieu et de donner la paix à notre âme, on ne peut aller ni trop haut, ni trop loin, même en pèlerinage !

Les pèlerinages ont toujours existé : sans parler de ceux faits aux Lieux-Saints, au tombeau des Apôtres, à Saint-Jacques de Compostelle, est-il une province, un diocèse qui n'ait des lieux célèbres par le concours de nombreux pèlerins ?

Les pèlerinages, mais ils sont dans la nature de l'homme, dont la vie, sur la terre, n'est qu'un passage plus ou moins court. Vouloir condamner les pèlerinages, ce serait condamner tous les siècles précédents qui les ont approuvés, tous les pays qui en sont les heureux témoins, l'Eglise qui les encourage et les bénit, enfin le ciel lui-même qui les favorise de ses dons.

Courage donc, pieux pèlerin de N.-D. des Croix ! Ne crains pas de gravir la colline de Parménie dont les souvenirs sont si touchants. Marche courageusement, sans redouter la fatigue, car tu te rapproches du ciel, pour mieux en entendre les secrets. Tu descendras pour les redire à la terre : tu reviendras plein de ferveur pour te remettre ensuite, plus obéissant et plus généreux, sous la houlette de ton pasteur, enfin tu emporteras, avec toi, la tranquillité de l'âme, la paix de la conscience et les bénédictions célestes qui t'aideront à endurer chrétiennement les peines, les afflictions et les fatigues que tu es obligé de supporter dans cette *vallée de larmes*, en attendant la fin de ton exil !

NOTICES

PREMIÈRE NOTICE

Bienheureuse Béatrix d'Ornacieux [1]

Nous ne nous proposons pas ici de reproduire, même en abrégé, la vie de la Bienheureuse Béatrix d'Ornacieux.

Cette vie intéressante et détaillée a été faite par un religieux de Parménie, le P. Dom Bellanger ; les pèlerins peuvent se la procurer au monastère.

Notre but est seulement de renseigner le pieux pèlerin qui se rend à N.-D. des Croix et de lui rappeler que là, en même temps qu'il implorera le secours de la Mère des Douleurs, il pourra vénérer les reliques d'une sainte du pays qui, elle aussi, s'offrit comme une victime au Dieu immolé pour notre salut, en s'imposant des sacrifices et des souffrances qu'elle unissait à celles de Jésus sur la croix et à celles de Marie qui en fut le si doulou-

---

1 Ornacieux est une petite bourgade du canton de la Côte-Saint-André (Isère). On y voit encore quelques ruines du vieux château habité par les seigneurs d'Ornacieux et où naquit Béatrix. Il faut espérer qu'un jour il s'élèvera une chapelle sur le lieu de la naissance de notre Bienheureuse comme il s'en élève une sur le lieu de sa mort à Eymeux (Drôme).

reux témoin que l'Eglise l'a appelée la *Reine des Martyrs*.

Nous nous contenterons pour cela, d'emprunter à la *Croix du Dauphiné* ce qu'elle a écrit les 19 et 20 décembre 1895, à l'occasion de l'ouverture de l'ancienne châsse qui renfermait les reliques de Béatrix d'Ornacieux. Le pèlerin, nous le croyons, sera suffisamment édifié par cette lecture, d'autant plus que les renseignements donnés par la *Croix* émanent d'une source parfaitement authentique.

Voici donc ce que nous lisons à ce sujet dans la *Croix du Dauphiné* :

PARMÉNIE

et la Bienheureuse Béatrix d'Ornacieux

« Il n'est personne, dans le Dauphiné, qui ne connaisse, au moins de nom, la petite montagne de Parménie où s'élève une modeste chapelle, en l'honneur de Notre-Dame des Croix. Combien souvent, depuis plus de dix siècles, les pèlerins ont gravi l'abrupt chemin de ce petit coteau, pour venir confier à la Mère des Douleurs leurs peines, leurs ennuis, leurs chagrins, et sont redescendus consolés, rapportant la paix céleste qui avait disparu de leur âme inquiète.

« Combien souvent, les touristes et les amateurs de la belle nature n'ont point reculé devant une ascension, un peu pénible il est vrai, mais dont la peine a été vite et largement compensée, par la beauté et la grandeur du spectacle dont ils jouissent lorsqu'ils sont parvenus au sommet de la colline. Alors, ils ne peuvent se lasser d'admirer ce saisissant et magnifique panorama qui embrasse les Alpes, le mont Blanc, les cimes du Bugey, les montagnes du Vivarais et de la Drôme.

« Le 11 décembre dernier, il s'est passé à Parménie un fait que nous allons relater et qui ne peut manquer d'intéresser les lecteurs, pèlerins ou touristes ; je veux dire l'ouverture de la châsse où reposaient les reliques de la Bienheureuse Béatrix d'Ornacieux et de ses deux compagnes *Louise Allemand* et *Marguerite de Sassenage*.

« Au XIIIᵉ siècle, le mont de Parménie était occupé par un couvent de Religieuses Chartreuses. A cette époque il fallait être de bonne naissance pour entrer dans la sainte phalange des Vierges Chartreuses de Parménie. Les Religieuses de ce monastère, d'après un vieux parchemin de l'époque, *devaient faire preuve de quatre degrés de noblesse du côté paternel et du côté maternel*. Imbus forcément un peu des idées modernes, nous sommes surpris d'abord, à l'énoncé d'une pareille condition. Et cependant, quoi de plus naturel, au moyen âge, que cette féminine et pieuse chevalerie au service de Dieu ? Comme les autres, ces couvents aristocratiques ont donné des saintes à l'Eglise. La Bienheureuse Béatrix d'Ornacieux en est une des meilleures preuves. Donc, ils ont eu leur raison d'être et l'on conçoit, sans peine, quel sujet d'édification ils pouvaient offrir aux localités environnantes. Les prières qui montaient de ces cloîtres vers Dieu ont pu peut-être racheter bien des fautes de la noblesse.

« Vers la fin du XIIIᵉ siècle, une petite colonie de Religieuses de Parménie alla fonder un nouveau monastère à Eymeux, dans la Drôme. Au nombre de celles qui furent choisies pour cette fondation, figuraient : Béatrix d'Ornacieux, Louise Allemand et Marguerite de Sassenage. C'est là que mourut Béatrix, en 1303 ; c'est là aussi qu'elle fut enterrée, à côté de ses compagnes Louise et Marguerite qui l'avaient précédée dans la tombe. Après la mort de Béatrix, de nombreux miracles s'opérèrent autour de son cercueil, en faveur de ceux qui la priaient. Ces miracles n'ont pas médiocrement contribué à grandir la vénération des habitants du pays pour sa mémoire qui, malgré les six siècles écoulés, s'est conservée jusqu'à nos jours. Une chapelle même va être élevée sur l'emplacement du vieux monastère où elle mourut (1).

« Plus tard, malgré les protestations des habitants d'Eymeux, les ossements de la Bienheureuse Béatrix et de ses compagnes furent transportés, du lieu de leur sépulture, au monastère de Parménie, par un moine Chartreux qui s'appelait Dom Roux de Charris. Alors, ces reliques déposées dans un endroit spécial du cimetière des Chartreuses, y demeurèrent jusqu'à l'année 1667. On conserve encore, dans l'église de Parménie, la pierre carrée qui fermait ce tombeau précieux. C'est à cette époque, c'est-à-dire en 1667, que Mgr le Cardinal Le Camus, évêque de Grenoble, les sortit du cimetière pour les placer dans un petit caveau ménagé, à cette intention, dans le mur intérieur de l'église, fermé par une plaque en marbre noir, avec cette inscription que tous les visiteurs peuvent lire et que nous copions textuellement :

ICI REPOSENT LES OSSEMENTS

DE BÉATRIX D'ORNACIEUX

RELIGIEUSE CHARTREUSIENNE DE PARMÉNIE

DÉCÉDÉE EN 1303

ET DE SES DEUX COMPAGNES

------

(1) Cette chapelle est actuellement terminée, sauf la décoration intérieure.

Malgré la terreur et les bandes sauvages de la Révolution du siècle dernier qui portèrent partout le ravage et la destruction ; malgré les schismatiques anticoncordataires qui, trente années durant, furent maîtres de Parménie et de son église, les restes précieux de la sainte restèrent intacts dans leur caveau et — protection divine — entourés de respect et d'honneur. Aussi le Souverain Pontife Pie IX a-t-il consacré ce culte persévérant, par un décret qui place Béatrix d'Ornacieux au nombre des Bienheureuses.

« En 1840, les Religieuses Chartreuses du monastère de Sainte-Croix de Beauregard désirèrent posséder, chez elles, une partie des reliques de Béatrix et de ses compagnes. Alors, la châsse qui les contenait fut, avec la permission de l'autorité diocésaine, emportée de Parménie chez les moniales de Beauregard. Là, ainsi que le constate le procès-verbal que nous avons entre les mains, en présence du R. P. Zozime, capucin et gardien de Parménie, de Dom Jean-Louis Retournaz, vicaire, et Dom Basile, son coadjuteur au couvent de Beauregard, en présence de MM. David père et fils, docteurs-médecins, à Voiron, et d'autres personnes qui ont signé ledit procès-verbal, la châsse fut ouverte :

« Après la constatation que les trois corps
« étaient renfermés dans la caisse, les os ont été
« partagés d'une manière aussi égale que possible
« et chaque portion mise respectivement dans deux
« boîtes, dont l'une, celle qui les contenait tous
« avant l'opération, a été renvoyée à Parménie, et
« l'autre placée au chapitre des Religieuses de
« Beauregard. » (Procès-verbal.)

« La partie rapportée à Parménie a été remise dans son caveau, fermé de nouveau par la plaque de marbre apposée primitivement par Mgr Le Camus.

« Désireux, à leur tour, de posséder quelques ossements de celle qui fut une des gloires de leur Ordre, comme elle en est aujourd'hui la protectrice, les RR. PP: de la Grande-Chartreuse s'adressèrent aux Religieux Olivetains qui sont aujourd'hui les gardiens du pèlerinage de Parménie et du tombeau de la Bienheureuse Béatrix. Ceux-ci ne pouvaient résister à un désir aussi pieux et aussi légitime. Aussi, après en avoir obtenu l'autorisation de Mgr Fava, évêque de Grenoble, la châsse de Béatrix fut de nouveau sortie de son tombeau.

« Le 11 décembre 1895, les PP. Olivetains, accompagnés de M. le Curé d'Izeaux, de son vicaire et de plusieurs autres témoins réunis dans l'église, après avoir reconnu l'authenticité des sceaux qui fermaient la châsse contenant les reliques de la Bienheureuse Béatrix d'Ornacieux et de ses compagnes, ont procédé à l'ouverture de cette châsse.

« Tous les Religieux et témoins ont pu constater que ces ossements, malgré leur vétusté de six siècles, étaient dans un parfait état de conservation et ils ont consigné cette constatation dans un procès-verbal signé par eux et portant le sceau de la Congrégation Olivetaine.

« Alors, après avoir fait, dans ces ossements vénérables, une large part pour le couvent de la Grande-Chartreuse, les Pères Olivetains ont déposé ce qui restait dans une châsse plus riche, d'une forme plus élégante que l'ancienne et enfin fermée par une épaisse glace. Cette disposition permettra désormais aux pieux et nombreux pèlerins de Parménie, de pouvoir contempler les saintes reliques qui demeureront toujours exposées à la vénération des fidèles dans l'église du monastère Olivetain.

« Dans leur générosité, les PP. de Parménie n'ont point voulu oublier la paroisse d'Ornacieux où est née la *Bienheureuse* et où se trouvent encore quelques ruines du vieux manoir de ses aïeux, ni la paroisse d'Eymeux, dans la Drôme, où elle rendit sa belle âme à Dieu, dans l'antique monastère dont on peut aussi visiter, avec intérêt, quelques ruines de ses fondations. C'est pourquoi ils ont fait une petite part de ces précieuses reliques qu'ils destinent aux églises de ces deux paroisses.

« En terminant ce compte rendu d'une cérémonie qui, bien que faite dans l'intimité d'un monastère, n'en est pas moins touchante ni moins intéressante, que le lecteur me permette de finir par quelques lignes que j'emprunte à l'historien de la Bienheureuse Béatrix d'Ornacieux :

« Quelle gloire, s'écrie-t-il, couronne les saints,
« et comme, devant elle, pâlissent les lauriers des
« grands hommes de l'histoire profane ! La gloire
« de la sainteté est toujours ancienne et toujours
« nouvelle. Voilà bientôt six siècles que les puis-
« sants seigneurs d'Ornacieux ont complètement
« disparu avec leurs annales de famille ; on ne parle
« plus d'eux dans leur ancien domaine ; au village
« même qui porte encore leur nom, on sait à peine
« s'ils ont existé. Seule, une fille de leur race, mais
« une sainte, voit aujourd'hui sa tombe glorieuse,
« son nom toujours vivant, toujours béni, en dépit
« des six siècles tourmentés par les innombrables
« révolutions qui, en France, ont tout confondu,
« bouleversé et détruit. » — T

DEUXIÈME NOTICE

Soeur Louise [1]

Nous devons, dans notre livre, une mention spéciale à Sœur Louise. Y a-t-il, en effet, pour le pèlerin de N.-D. des Croix, après le culte de la Vierge douloureuse et celui de la Bienheureuse Béatrix, quelque chose de plus intéressant, de plus poétique même que le souvenir de cette pauvre bergère qui fit sortir l'antique monastère de Parménie de ses ruines, et qui, sans autre ressource que celle de la charité, éleva les bâtiments que nous voyons encore aujourd'hui ?

Nous avons dit (2) comment, après l'incendie de leur couvent par les hordes barbares du prince d'Orange, les Chartreuses de Parménie avaient été obligées de quitter ce lieu bénit de Dieu et sanctifié par leurs pénitences et leurs prières.

De tout le monastère, il ne restait plus qu'une petite voûte de l'église qui fut toujours conservée et forme encore actuellement le sanctuaire de N.-D.

---

(1) *Vie de Sœur Louise*, par le R. P. Bellanger, prieur de Parménie.

Même vie par M. le chanoine Auvergne. S'adresser au couvent de Parménie.

(2) Chap. II. *Notice historique sur Parménie*, page 28.

des Croix. Cette voûte, qui avait résisté à l'incendie, abritait alors les ruines misérables de l'ancien autel de la chapelle. Sur la montagne tout respirait donc la tristesse, le silence, la mort. C'est Sœur Louise qui fut l'humble et docile instrument dont Dieu se servit pour réparer ces ruines.

Louise Hours qui, par sa piété éminente et les fruits étonnants de ses travaux, s'est acquis l'admiration du diocèse de Grenoble et des diocèses voisins, naquit en 1646, dans la paroisse du Touvet, dans la vallée du Grésivaudan, de parents pauvres qui vinrent ensuite habiter la paroisse de Beaucroissant. Sa mère était de Voiron. Soit par suite de l'effroyable misère que les guerres religieuses, civiles et étrangères avaient léguée à la France, soit par suite de l'incurie et de l'insouciance de ses parents, à l'âge de 14 ans, Louise ne connaissait pas encore Dieu et ignorait ses devoirs de chrétienne. Néanmoins, malgré cette ignorance, elle fut toujours exemplaire sous le rapport de la vertu.

A peine un prêtre de Rives eut-il commencé à lui enseigner les premiers principes de la religion, que son désir le plus grand fut de mieux connaître Dieu afin de l'aimer davantage et de le mieux servir. Son occupation principale était de mener paître un petit troupeau de brebis sur la montagne de Parménie ; et ses moments les plus doux, elle les passait en prières, devant l'autel délabré de la chapelle en ruines.

Dans une mission qui fut prêchée à la Côte-Saint-André et que suivit la bergère de Parménie, la ferveur de Louise prit un nouvel élan ; ensuite, elle continua à se perfectionner sous la conduite de M. Durand, curé de Voreppe, qu'elle avait rencontré dans l'église de Tullins. C'est depuis lors qu'elle fit ses plus chères délices de la méditation des souffrances du Rédempteur du monde.

A la suite d'une neuvaine de prières faites devant son autel solitaire et abandonné, elle se sentit vivement pressée de rebâtir à Parménie un sanctuaire à la gloire de Dieu, de sa divine Mère et pour le salut des âmes. Une tradition séculaire rapporte même que, filant sa quenouille en faisant paître ses brebis, une apparition de la Sainte Vierge fixa pour toujours sa détermination. Un tableau qui se trouve dans l'église de N.-D. des Croix représente cette apparition.

La Mère Bon, supérieure des Ursulines de Saint-Marcellin, femme d'un mérite distingué, dont la sainteté était universelle et avec laquelle Louise avait des relations suivies, l'encouragea fortement à poursuivre l'exécution d'un dessein dont les difficultés effrayaient sa faiblesse.

Mais avant, il lui fallait l'autorisation épiscopale. Comment elle, pauvre bergère, parviendrait-elle aux pieds du pontife qui siégeait alors à Grenoble? Elle connut fort heureusement dans cette ville et mit dans ses intérêts M. Canel, official du diocèse, jouissant de l'estime de tous et ayant une grande influence à l'Evêché. Par son intermédiaire, elle eut donc une première entrevue avec Mgr Le Camus; mais celui-ci l'éconduisit en la traitant de *Visionnaire*.

Louise ne se découragea point: elle passa huit mois en prières et malgré le refus qu'elle avait éprouvé de la part de l'Evêque de Grenoble, elle voulut se présenter à lui pour exprimer de nouveau son désir de reconstruire la chapelle de Parménie.

— Quels sont vos moyens pour conduire à bonne fin votre entreprise ? lui demanda Monseigneur d'un ton sévère.

— Hélas ! Monseigneur, répondit-elle, en son patois, car elle ne sut jamais parler français, je n'ai rien ; mais celui qui me presse d'exécuter l'ordre que je crois qu'il m'a donné, ne manque pas de moyens et de pouvoir, si c'est sa volonté. Je viens ici pour l'apprendre de vous.

— Vous feriez mieux de réparer l'église de votre paroisse qui en a grand besoin.

— Pardon, Monseigneur, il me semble que Dieu ne demande pas cela de moi.

— Alors, priez et vous reviendrez dans un an.

Au bout de l'année l'infatigable Louise se présenta pour la troisième fois, devant son évêque, alors en visite pastorale à Tullins.

— Je vous en supplie, Monseigneur, permettez-moi de bâtir une chapelle à Parménie !... Je crois que c'est la volonté de Dieu, ajouta-t-elle, toute tremblante.

— Mais, comment savez-vous que c'est la volonté divine ? demanda le prélat, cette fois avec bienveillance.

— Par de fréquentes inspirations qu'il n'est pas en mon pouvoir d'éloigner.

— Allez encore et priez toujours, répondit Monseigneur en la congédiant.

Louise désolée, mais soumise à la volonté de Dieu, continuait à implorer le ciel au pied de son vieil autel de Parménie, lorsqu'un jour elle y trouva un *liard*. — « *Merci, mon Dieu*, s'écria-t-elle, *je le reçois de votre main comme un gage qui me fait espérer le reste.* »

Cependant, le prélat, il l'a avoué plus tard, était préoccupé malgré lui, des paroles de cette humble bergère. Sur l'excellent témoignage que lui en rendit le curé de Beaucroissant, il la fit appeler.

— Voulez-vous toujours bâtir une chapelle à Parménie, lui dit-il ?

— Oui, Monseigneur, si vous voulez bien me le permettre.

— Combien avez-vous ?

— Monseigneur, répondit-elle, en lui montrant son liard, voilà tout mon argent. J'ai trouvé cette pièce sur la pierre de l'autel de l'ancienne église de Parménie.

— Allez, ma fille, lui dit alors le prélat, admirant sa simplicité, bâtissez avec cette somme : l'exécution de vos projets me prouvera si c'est l'ouvrage de Dieu. Je vous permets une quête.

Louise, au comble de ses vœux, ne perdit pas de temps. Elle quêta jusqu'à Lyon et Valence, reçut peu d'argent mais beaucoup d'affronts. Elle commença néanmoins les constructions tant désirées, avec plus de foi et de confiance en Dieu que d'écus dans sa bourse. Comme nous l'avons dit, elle ne toucha pas aux voûtes du chœur et du sanctuaire de l'ancienne église des Chartreuses, elle se contenta de les restaurer et de les badigeonner.

A côté de sa chapelle, la pieuse bergère éleva elle-même sa demeure : des genêts et de la terre grasse suffirent pour les murs ; de la paille pour la toiture, tel était son logement ; quelques morceaux de pain noir donnés par d'autres paysannes, voilà sa nourriture. Ses nuits étaient passées sur la dure et ses jours consacrés à la prière et au travail ; c'est ainsi qu'elle vécut d'abord pendant sept ans.

La chapelle construite, les pèlerins commencèrent bientôt à se rendre sur la montagne de Parménie ; mais il manquait un prêtre pour le service de la chapelle et des pèlerins ; c'est ce qu'elle fit elle-même remarquer à Mgr Le Camus.

— « Cherchez-le ce prêtre et je l'approuverai, lui dit l'Evêque de Grenoble. » Mais auparavant, il fallait bâtir un logement pour un prêtre et pour les personnes qui auraient l'intention de séjourner à Parménie afin d'y faire une retraite. Louise se mit encore en quête pour se procurer de nouvelles res-

sources et ce n'est qu'après les plus grandes difficultés et les affronts les plus humiliants, toujours
supportés avec une admirable patience, que ses dé-
marches et ses longs efforts furent enfin couronnés
de succès.

Cependant, Mgr l'Evêque de Grenoble ayant appris que les constructions de sœur Louise étaient
achevées, ayant eu aussi connaissance du succès
des retraites et des pèlerinages faits à Parménie,
voulut honorer ce lieu béni de sa présence. Il y
monta donc ; et, après avoir visité l'église et les
cellules des retraitants, levant les yeux au ciel, il
s'écria : — « En voilà trop pour une pauvre bergère ;
il y a là une Providence toute particulière. »

Au moment de son départ, Louise s'étant proster-
née à la porte de la chapelle pour recevoir sa bénédiction, le prélat lui dit en sortant : — « Adieu, ma
bonne sœur, priez Dieu pour moi, car j'ai grande foi
en vos prières. » — Inspirée par l'esprit prophéti-
que, Louise répondit par ces paroles. « La qualité
de sœur que vous me donnez, Monseigneur, me rend
si glorieuse qu'elle m'enhardira à aller vous féliciter de ce qui vous arrivera dans un an, à tel jour
qu'aujourd'hui. »

A ce même jour, en effet, de l'année suivante, le
Pape envoya à l'évêque de Grenoble le chapeau de
Cardinal et Louise, fidèle à la promesse qu'elle
avait faite au prélat, se hâta d'aller féliciter celui
qui venait d'être honoré de la pourpre cardinalice,
ainsi qu'elle l'avait annoncé un an à l'avance.

Le résultat des retraites et des pèlerinages à Parménie était si important qu'il nous est impossible,
dans une simple notice, de le représenter en détail.
Qu'il nous suffise de dire qu'on y accourait des divers points du diocèse et d'ailleurs ; pendant le
cours de l'année, les places étaient retenues par
avance, et sœur Louise faisait avertir les solliciteurs

à mesure que les vides s'opéraient, en sorte que les cellules ne cessaient presque jamais d'être occupées.

Ce qu'il y avait de plus digne d'admiration, c'étaient les fruits durables qui se faisaient remarquer dans tous, ou par un renouvellement solide dans la piété, ou par une entière et sincère conversion.

Parmi les retraitants qui se rendirent à Parménie, nous ne pouvons passer sous silence le nom du fondateur des Frères des écoles chrétiennes, l'abbé de la Salle, que l'Eglise a placé sur les autels en lui conférant dernièrement le titre de *Bienheureux*. Il se trouvait à Grenoble, dans la maison fondée par lui pour son Institut, rue Saint-Laurent, lorsqu'il fut atteint par une maladie qui mit ses jours en danger. Alors toute la ville s'intéressa à sa guérison et la demanda par de ferventes prières, comme un bienfait public. Dieu exauça ces prières. Aussitôt que le vénérable abbé sentit renaître ses forces, il se rendit à Parménie pour y faire une retraite.

En le recevant Louise s'applaudissait de ce que Dieu lui avait envoyé un saint dans son désert. De son côté, l'abbé de la Salle ne se félicitait pas moins de ce que Dieu l'avait conduit auprès d'une humble bergère qui devait l'instruire et lui donner des leçons de sagesse.

De Parménie, le saint fondateur voyait s'élever les massifs des rochers au milieu desquels est bâtie la Grande-Chartreuse. Cette vue fit naître en lui la pensée d'abandonner son Institut et d'aller se retirer dans cette solitude pour y vivre de la vie du chartreux. — « Telle n'est point la volonté de Dieu, lui répondit Louise, à laquelle il avait découvert le désir secret de son âme. Vous ne devez point abandonner la famille que Dieu vous a donnée. Le travail est votre partage, il faut persévérer jusqu'à la mort, en alliant, ainsi que vous l'avez fait jusqu'ici, la vie de Magdeleine à celle de Marthe. » Le Bienheureux conforma sa conduite aux conseils de la pieuse bergère. Un tableau de l'église de Parménie représente le souvenir de la retraite de l'abbé de la Salle dans cette solitude.

En voyant la grande célébrité du pèlerinage de Parménie ainsi que le nombre de conversions sincères et solides qui s'y opéraient, Mgr le cardinal Le Camus y fit des visites fréquentes et y admira toujours, comme la première fois qu'il y vint, l'opération de l'Esprit de Dieu. Il témoigna même un jour, par un de ces bons mots qui lui échappaient quelquefois, que c'était une des maisons qu'il estimait et chérissait le plus dans son diocèse. Son Eminence entendant raconter un miracle qui avait eu lieu à N.-D. de l'Osier, en faveur d'une fille muette qui avait recouvré la parole : « Oh ! quel grand miracle de faire parler une fille muette ! reprit-il, avec sa vivacité et sa gaieté naturelles ? « C'en serait plutôt un de la faire taire » ; et il ajouta aussitôt : « C'est à Parménie que se font les miracles par des conversions véritables : les femmes s'y taisent et les âmes se convertissent. »

Revenons maintenant à sœur Louise.

Bergère pauvre et ignorante, même des choses les plus importantes pour le salut, elle eut toujours une vive inclination pour la vertu, et cette inclination ne se démentit jamais ; elle ne fit, au contraire, que s'accroître à mesure qu'elle s'instruisait de la religion qu'elle avait ignorée dans son enfance. Lorsqu'elle eut conçu la pensée de reconstruire la chapelle de Parménie, sa vie fut alors toute d'abnégation, de dévouement, de sacrifices et de prières. La chapelle construite, Louise fut l'instrument dont se servit la Providence pour ramener au bien les âmes égarées et faire persévérer les justes dans la bonne voie. Elle fut douée de l'esprit de sagesse pour donner aux uns et aux autres les sages conseils que réclamait leur état. Le Saint-Esprit parla souvent par sa bouche, pour annoncer des événements qui ne pouvaient être connus que de Dieu seul. Par son intermédiaire s'opérèrent un si grand nombre de prodiges qu'il faut recourir à la Vie des Saints pour en rencontrer de semblables. Enfin, si la voix du peuple est vraiment la voix de Dieu, elle fut une sainte sur la terre, car le peuple ne l'appelait que la *Sainte de Parménie*. Notre-Seigneur lui ayant dévoilé le jour de sa mort, Louise profita de cet avertissement pour se préparer saintement et travailler à ne plus vivre que pour Dieu, afin de se disposer à recevoir la grâce de bien mourir. Ce fut le 22 janvier 1727 qu'elle rendit sa belle âme à Dieu.

Elle mourut comme elle avait vécu, dans une entière confiance en Notre-Seigneur, sans témoigner la moindre frayeur, ni durant toute sa maladie, ni a son dernier moment. Sa mort fut si tranquille qu'à peine ceux qui l'assistaient s'en aperçurent.

Aussitôt que la nouvelle de sa mort se fut répandue, le concours fut si grand à Parménie que dès le lendemain matin on fut obligé de porter processionnellement son corps dans la chapelle, pour satisfaire à l'empressement de la foule. Chacun voulait avoir quelque chose d'elle; et neuf prêtres qui étaient venus à ses funérailles, eurent bien de la peine à empêcher qu'on ne la dépouillât. Tous la regardaient comme une sainte et pensaient plutôt à l'invoquer qu'à prier pour elle. Il y a même des personnes qui ont assuré avoir obtenu de très grandes grâces par son intercession.

En attendant que Dieu donne un éclat public à la sainteté de Louise, son corps repose sous le marche-pied de l'autel de l'église de N.-D. des Croix à Parménie, actuellement fermée par les scellés gouvernementaux.

TROISIÈME NOTICE

La Foire de Beaucroissant
et le Pèlerinage de Parménie

14 SEPTEMBRE

Pour compléter ce petit travail et pour l'instruction des pèlerins, nous avons cru devoir ajouter quelques détails sur l'origine de la foire de Beaucroissant, paroisse sur laquelle se trouve le sanctuaire de N.-D. des Cróix. Nous empruntons encore ces détails à la *Croix du Dauphiné*, n° du 11 septembre 1896 :

« La foire la plus importante de tout le Dauphiné est, sans contredit, celle de Beaucroissant qui, jadis, attirait des étrangers de toutes les parties de la France, même les plus éloignées, et qui n'était surpassée, dit-on, que par la célèbre foire de Beaucaire.

« Aujourd'hui, bien que la foire de Beaucroissant ait considérablement perdu de son importance, elle se prolonge encore pendant trois jours, et les nombreux forains sont une cause de ressources pour les communes voisines, comme Rives et Izeaux.

« L'origine de cette importante foire, d'après des

documents incontestables, date des temps les plus reculés : je veux dire de cette ancienne époque où les pèlerins affluaient à Parménie, pour la fête patronale de l'Exaltation de la Sainte-Croix. Le Dauphiné, le Lyonnais, le Forez et le Vivarais envoyaient alors, chaque année, le 14 septembre, de nombreux représentants au sanctuaire vénéré de N.-D. des Croix. Les évêques de Grenoble, surtout, ont toujours eu ce pèlerinage en grande vénération. Ainsi, dans le XIe siècle, saint Hugues aimait à venir s'y reposer de ses travaux; c'est là aussi qu'il trouva une protection contre les iniques poursuites de ses ennemis, et c'est en reconnaissance de cette protection qu'il fit don à la chapelle de N.-D. des Croix d'une dent de sainte Apollonie, relique précieuse qu'il avait lui-même rapportée de Rome (1).

Plus tard, dans le XIIIe siècle, nous voyons, Jean de Sassenage, lui aussi évêque de Grenoble, accompagner ses ouailles à N.-D. de Parménie, après que le lac Saint-Laurent eut brisé ses digues, inondant et détruisant en partie Vizille et Grenoble, pour remercier Dieu d'avoir échappé au danger et prier pour les victimes du fléau. Dans la suite, comme actuellement, les évêques de Grenoble n'ont cessé d'entourer Parménie de leur vénération et de leur protection.

« Les nombreux pèlerinages du 14 septembre amenaient donc, à Parménie, une foule immense qui, ne pouvant trouver un abri, allait nécessairement le demander à Beaucroissant, village le plus rapproché du sanctuaire. Les marchands durent

---

(1) Aujourd'hui encore les pèlerins demandent fréquemment à vénérer la relique de sainte Apollonie, que l'on conserve à Parménie.

alors profiter de cette circonstance pour venir nombreux, eux aussi, exercer leur commerce, comme jadis, les vendeurs le faisaient aux abords du Temple de Jérusalem. Le mercantilisme a établi la foire de Beaucroissant.

« Les préoccupations commerciales jointes à l'indifférence de notre siècle, ont, sans doute, ralenti la ferveur et la dévotion des pèlerins ; nous devons reconnaître néanmoins que, même aujourd'hui, malgré les temps mauvais que nous traversons, malgré les efforts de l'impiété qui ne cherche qu'à verser le mépris sur les choses les plus saintes, le sanctuaire de N.-D. des Croix est toujours fréquenté par de nombreux pèlerins, chaque dimanche d'abord, souvent même dans la semaine, mais plus particulièrement chaque année pour la fête de l'Exaltation de la Sainte-Croix, c'est-à-dire le 14 septembre.

« Dès la veille, les nombreux forains qui, pour se rendre à Beaucroissant, arrivent des plaines de Tullins, de la Valloire ou de la Bièvre, se détournent de leur chemin pour faire l'ascension du mont de Parménie, s'arrêter un instant à l'antique chapelle, y vénérer la relique de la vraie Croix, ainsi que l'image de la Mère des Douleurs, satisfaire enfin leur dévotion en s'approchant pieusement des sacrements, redescendre ensuite à Beaucroissant, afin de vaquer à leurs affaires temporelles.

« Dès l'aube du 14 septembre et durant tout le jour, c'est un va-et-vient continuel d'étrangers qui, les uns gravissant péniblement, les autres descendant joyeusement la colline, se croisent en se communiquant leurs religieuses impressions, tous heureux d'avoir pu ou de pouvoir adresser à Jésus et à sa Mère affligée leurs demandes, leurs prières ou leur reconnaissance, dans un pèlerinage plus de dix fois séculaire.

« Cette année, nous n'en doutons pas, plus que

jamais, les pèlerins, ceux surtout qui n'ont pu prendre part à la grande manifestation du 30 août, tien-
dront à venir protester ce jour-là, contre l'apposition
illégale des scellés gouvernementaux sur l'antique
sanctuaire dont, dès leur bas âge, leurs pères leur
ont appris le chemin. Si l'entrée de la vieille chapelle de N.-D. des Croix leur est interdite, les offices célébrés en plein air leur permettront quand
même de satisfaire toutes leurs dévotions. Si l'entrée de l'église de Parménie leur est fermée, celle
du Cœur de Jésus et celle du cœur de sa divine
Mère leur restent toujours ouvertes. »   T.

CONCLUSION

Notre petit livre est terminé. Le lecteur a pu voir comment l'antique et vénéré sanctuaire du pèlerinage de N.-D. des Croix a été deux fois fermé officiellement par la force, au mépris des règles les plus vulgaires du droit, de la justice et de la liberté. Il a pu s'édifier au spectacle qu'ont donné les catholiques de l'Isère en protestant contre l'iniquité qui a été commise en leur interdisant l'entrée d'un sanctuaire cher à leur piété, comme il l'a été à celle de leurs aïeux.

Les pèlerins, hommes et femmes, répondront donc à l'appel que nous leur avons fait dans le troisième chapitre de notre livre. Chaque année ils viendront continuer la protestation du 20 août 1896, jusqu'à ce que justice et liberté leur soient rendues.

En outre, ils viendront chaque dimanche, plus nombreux encore que par le passé, consoler la Mère des Douleurs, lui confier leurs peines, lui demander son appui dans les afflictions inséparables de la vie.

Ils viendront enfin apprendre, à l'exemple de la Vierge douloureuse, à l'exemple de Béatrix d'Ornacieux et de Sœur Louise, que si Dieu nous ménage des souffrances ici-bas, c'est pour nous empêcher de nous attacher à la terre et à ses biens périssables; que la souffrance est un creuset où l'âme se purifie, expie et se régénère; qu'elle est enfin le principe et le fondement de la grandeur et de l'héroïsme,

TABLE DES MATIÈRES